Meisterwerke kurz und bündig

Dostojewskijs Schuld und Sühne
Von Fritz R. Glunk

SERIE PIPER

Meisterwerke kurz und bündig
Herausgegeben von Olaf Benzinger

Warum hat der Student Raskolnikow die alte Wucherin umgebracht? Hat er ein Geständnis abgelegt, oder hat man ihn überführt? Das sind nur zwei von unzähligen Fragen, auf die man nicht immer gleich die Antwort weiß. Es fällt nicht leicht, die ganze atemberaubend spannende Handlung und den Kosmos der Figuren von »Schuld und Sühne« im Kopf zu behalten. Fritz R. Glunk stellt alles Wichtige kurz und bündig zusammen: Er erzählt den Inhalt dieses grandiosen Romans, schildert Entstehung, Aufbau und Wirkungsgeschichte und faßt zusammen, was man über Dostojewskij wissen muß. Ein fundiertes Kompendium mit allen wichtigen Daten, Fakten und Hintergrundinformationen und ein Leitfaden für Laien und Experten, für Liebhaber und Neugierige über eines der bedeutendsten Werke der russischen Literatur.

Fritz R. Glunk, geboren 1939, studierte Literatur- und Sprachwissenschaften und war als Dozent des Goethe-Instituts und als Verlagslektor tätig. Seit 1986 arbeitet er als freier Journalist, Übersetzer und Schriftsteller. Seit 1998 außerdem Herausgeber der literarischen Online-Zeitschrift »Die Gazette« (www.gazette.de). Er lebt heute in München. In der Reihe »Meisterwerke kurz und bündig« erschien von ihm 1999 der Band »Dantes Göttliche Komödie«.

Dostojewskijs
Schuld und Sühne

Von Fritz R. Glunk

Piper München Zürich

In der Reihe »Meisterwerke kurz und bündig« liegen vor:
Homers Ilias und Odyssee (von Gerhard Fink, Serie Piper 2885)
Goethes Faust (von Michael Lösch, Serie Piper 2886)
Wagners Ring (von Robert Maschka, Serie Piper 2887)
Michelangelos Sixtinische Kapelle (von Lieselotte Bestmann, Serie Piper 2888)
Prousts Auf der Suche nach der verlorenen Zeit (von Philipp Reuter, Serie Piper 2890)
Dantes Göttliche Komödie (von Fritz R. Glunk, Serie Piper 2891)
Dostojewskijs Schuld und Sühne (von Fritz R. Glunk, Serie Piper 3135)
Ovids Metamorphosen (von Gerhard Fink, Serie Piper 3136)
Thomas Manns Zauberberg (von Dirk Heißerer, Serie Piper 3141)
Die vier edlen Wahrheiten des Buddha (von Frank Zechner, Serie Piper 3142)

Originalausgabe
August 2000

Umschlag: Büro Hamburg
Stefanie Oberbeck, Katrin Hoffmann
Umschlagabbildung: CSA Archive / photonica
Redaktion und Satz: Lektyre Verlagsbüro
Olaf Benzinger, Germering
Druck und Bindung: Clausen & Bosse, Leck
Printed in Germany ISBN 3-492-23135-7

Inhalt

Die Entstehung eines Romans 7

»Das Leben ist schwer« 7
Die Unruhe einer langen Epoche 9
Ein Mann seiner Zeit 13
Wendepunkt 18
Im Gulag des Zaren 20
Die aufhaltsame Rückkehr ins Leben 24
Der Spieler 28
In der Werkstatt 31
Ein Blick über die Schulter 35

Der Kriminalroman, der keiner ist 42

Erster Teil 44
Zweiter Teil 57
Dritter Teil 67
Vierter Teil 75
Fünfter Teil 86
Sechster Teil und Epilog 95

Erinnerungsphasen 104

Der Nationalschriftsteller 104
Der Weg zur Kanonisierung 112
Das Dostojewskij-Jahr 1921 115
Verwertungsgesellschaften 118
Das zweite Jubiläum und das Schweigen 123

Anhang 127

Die wichtigsten Personen des Romans 127
Zeittafel 128
Zum Weiterlesen 131

Die Entstehung eines Romans

»Das Leben ist schwer«

Rußland war immer schon anders. Wer einem zu spät kommenden Russen etwa Unpünktlichkeit vorhält (so erzählt Nina Hoffmann in ihrer Dostojewskij-Biographie), bekommt zur Antwort keine Entschuldigung, sondern vielmehr – nach einer scheinbar geistesabwesenden Pause – etwas Nachdenkliches, zum Beispiel dies: »Ja, das Leben ist schwer. Es gibt Augenblicke, die wert sind, daß man sie richtig erlebt; das ist viel wichtiger, als daß man pünktlich zu einer Verabredung kommt.« Die äußere Ordnung der Dinge ist diesem Russen weniger bedeutsam als das Innenleben seiner Seele.

Auch das seiner Mitmenschen. Immer stoßen wir hier auf unwahrscheinlich spontane Offenheiten gegenüber wildfremden »Nächsten«, jähe Freundschaften mit Küssen und Tränen, eine aufflammende Brüderlichkeit, überhaupt eine ungeheuer kontaktfreudige Emotionalität und Verbundenheit – besonders mit den Erniedrigten und Leidenden. Auch den Unansehnlichen: »Im russischen Volk«, schreibt Dostojewskij selbst, »findet man überall eine gewisse Sympathie für die Betrunkenen; im Ostrogg aber benahm man sich sogar respektvoll gegen sie.«

Der Ostrogg – das war die sibirische Strafkolonie, in der Dostojewskij vier Jahre verbrachte. Er hat sich dort mit einem anderen Sträfling angefreundet; der stiehlt ihm eines Tages das einzige Buch, das hier erlaubt ist: ein Neues Testament, verkauft es hinter der Baracke und vertrinkt das Geld auf dem Rückweg. Dostojewskij macht ihm Vorwürfe, und wieder erleben wir eine wunderliche Reaktion: »Er aber hörte mir in aller Seelenruhe zu, saß ganz friedlich da und rührte sich nicht; er gab durchaus zu, daß die Bibel ein sehr nützliches Buch sei, es tat ihm auch aufrichtig leid, daß ich sie nicht mehr besaß, doch tat es ihm dabei nicht im geringsten leid, daß *er* sie mir gestohlen hatte. Er schaute mit einem solchen Selbstbewußtsein drein, daß ich sofort aufhörte, ihn zu schelten.« Dostojewskij bleibt natürlich (und nur wir Westler würden sagen: trotz des Vorfalls) mit ihm befreundet, in der Überzeugung, »daß er mich sogar wirklich gern hatte«. Dostojewskij muß sich das kostbare Exemplar wiederbeschafft haben, denn auch in seiner Todesstunde wird er es in der Hand haben.

Doch nicht nur dem Gelegenheitsdieb spricht er Größe und Menschenwürde zu, sondern allen Sträflingen hier: »Man muß es doch einmal aussprechen: Dieses Volk war doch ein ungewöhnliches Volk! Vielleicht ist gerade dieses Volk der allerbegabteste, allerstärkste Teil unseres ganzen russischen Volkes!« Das sagt er von Schwerverbrechern, von Räubern und Mördern, die das Mutterland nach Sibirien ausgestoßen hat. Schon oft wurde darauf hingewiesen, daß die russische Sprache für »Unglückliche« und »Verbrecher« nur ein einziges Wort besitzt.

Eine so emphatische Hinwendung zu den Mühseligen und Beladenen ist für einen westeuropäischen Leser verstörend. Friedrich Nietzsche nannte Dostojewskij zwar den »einzigen Psychologen«, von dem er etwas gelernt habe; den Romancier Dostojewskij jedoch lehnte er rundheraus ab. Im ANTICHRIST spricht er vom Evangelium mit schöner Deutlichkeit als »einer kranken Welt ... aus einem russischen Roman«, in dem sich der »Abschaum der Menschheit, Nervenkrankheiten und ›kindliche‹ Idiotie« ein Stelldichein geben (man hört aus der Schreckensliste geradezu Dostojewskijs Romantitel heraus: DER SPIELER, DIE DÄMONEN, DER IDIOT). Genauso abweisend war noch ein Jahrhundert später Vladimir Nabokov, von dem man eigentlich erwarten könnte, daß ihm diese andere Welt vertrauter war. Ihm mißfällt an Dostojewskij der wohlfeile Trick, mit dem die Romanfiguren »sich ihren Weg zu Jesus ersündigen«. Eine aparte Wortschöpfung, aber sie geht am Wesentlichen vorbei.

Die Unruhe einer langen Epoche

Die Wetterscheide zwischen Westeuropa und Dostojewskijs Rußland, die Trennlinie zwischen kühler Rationalität und ausgeprägt mitmenschlicher Wärme läuft nun nicht einfach als geographische Grenze durchs Gelände. Sie liegt vielmehr in drei ganz anderen, geistig faßbaren Landschaften: als ideologische Abgrenzung quer durch die russische Gesellschaft des 19. Jahrhunderts, als entscheidende Wende im Leben unseres Autors und als dramatischer Konflikt in SCHULD UND SÜHNE.

Das Geburtsjahr Dostojewskijs, 1821, ist auch das Jahr, in dem Napoleon Bonaparte auf St. Helena stirbt. Die Armee des Zaren hat den Eroberer zweimal besiegt: 1812 auf seinem ruhmlosen Rückzug aus Moskau und endgültig, zusammen mit den Alliierten, 1815 bei Waterloo. Dann aber, in einer ironischen Wendung, wie die Geschichte sie manchmal liebt, werden aus den Siegern insgeheim Besiegte. Was sie für geschlagen und erobert halten, erobert nun sie selbst: Das Ideengut der westlichen Aufklärung dringt mit der heimkehrenden Armee in Rußland ein (»wie eine Seuche«, wird Dostojewskij dazu sagen). Kaum sind die Offiziere wieder in Moskau und St. Petersburg, da bilden sich allenthalben politische Clubs. Ihre Mitglieder diskutieren nicht nur, sie fordern Unerhörtes: das Ende der Leibeigenschaft, eine Verfassung. Unter den Augen der zaristischen Polizei können sie bald nur noch als Geheimbünde weiterarbeiten. Im Jahr 1825 putscht eine Gruppe von Gardeoffizieren für die konstitutionelle

Die Frauen der Dekabristen

Nach dem mißglückten Aufstand der Dekabristen kamen insgesamt 121 Offiziere und Zivilisten vor Gericht, unter ihnen sieben Fürsten, zwei Grafen und drei Barone aus den besten Familien Rußlands. Die meisten der Angeklagten wurden zum Tode verurteilt, der neue Zar, Nikolaus I., milderte allerdings viele Urteile ab: Nur fünf Hauptschuldige wurden in der Peter-und-Pauls-Festung in St. Petersburg gehängt, 33 zu schwerer Strafarbeit in Bergwerken verurteilt, die übrigen zu Gefängnis oder zur Verbannung nach Sibirien. Während der Herrschaft Nikolaus I. war es strengstens verboten, die Dekabristen auch nur zu erwähnen.
Die Frauen, Schwestern und Mütter vieler verbannter Dekabristen folgten ihren Männern freiwillig in die Verbannung – nicht so sehr als treue Begleiterinnen, sondern weil sie das politische Ziel der Liberalisierung Rußlands ebenso tatkräftig verfolgten wie ihre Männer.
Manche von ihnen waren noch 25 Jahre nach dem Urteil in Sibirien. Eine dieser Dekabristen-Frauen schenkte Dostojewskij in Tobolsk auf dem Weg in die Strafkolonie ein Neues Testament, seine einzige Lektüre während mehr als vier Jahren.

Monarchie gegen den designierten Thronfolger Nikolaus (da sie am 14. Dezember losschlugen, nannte man sie seitdem »Dekabristen«, das heißt »Dezembermänner«). Der schlecht geplante und noch schlechter durchgeführte Aufstand wird jedoch mit militärischer Gewalt unterdrückt.

Damit ist die innere Unruhe jedoch nicht besänftigt. Eine Generation später hat die Diskussionslust über die Adelskreise hinaus die gebildete Mittelschicht erfaßt, Journalisten, Schriftsteller und Studenten, kurz: die Intelligenzija.

Hier formiert sich nun aber auch eine Gegenbewegung: die slawophile oder »Russische Partei«. Sie ist strikt gegen alle geistigen Übernahmen aus Westeuropa (oder, wie ihre Vertreter vereinfachend sagen: aus »Europa«, als gehörte Rußland nicht dazu). Sie propagiert statt abstrakter Ideenkonstruktionen eine geradezu religiös aufgeladene Verbindung mit der russischen Erde, eine »Bodenhaftigkeit« oder »Verwurzelung« der Politik im einfachen Volk und seinen uralten Werten. In diesem Widerstand gegen die europäische Moderne ist mitunter ein noch heute aktueller Unterton herauszuhören: Das seelisch reichere Rußland brauche keine Ratschläge aus dem doch nur konsumbesessenen Westen.

Der junge, aber ungeheuer einflußreiche Literaturkritiker Belinski, ein entschiedener Vertreter der Modernisierung Rußlands, schreibt 1847 seinen markanten ›Absagebrief an den bisher verehrten Gogol‹ (der Text ging jahrelang, bevor er 1855 gedruckt wurde, nur in heimlichen Abschriften von Hand zu Hand). Mit Leidenschaft und Klarheit trägt Belinski die Argumente vor: »Es ist Ihnen entgangen, daß Rußland seine Rettung nicht im Mystizismus, nicht im Asketismus oder im Pietismus sieht, sondern im Fortschreiten der Zivilisation, der Aufklärung und der Menschlichkeit. Es braucht keine Predigten (es hat ihrer genug gehört!), keine Gebete (es hat ihrer genug heruntergeleiert!), sondern das Wiedererwachen des Gefühls der Menschenwürde im Volk, das so viele Jahrhunderte hindurch in Schmutz und Unrat verlorengegangen war – es braucht Rechte und Gesetze, die nicht den Lehren der Kirche entsprechen, sondern dem gesunden Menschenverstand und der Gerechtigkeit, und die möglichst streng gehandhabt werden. Statt dessen bietet Rußland den abscheulichen Anblick eines Landes, wo Menschen mit Menschen Handel treiben, ohne dafür auch nur jene Rechtfertigung zu besitzen, deren sich pfiffigerweise die amerikanischen Plantagenbesitzer bedienen, daß nämlich der Neger kein Mensch sei; eines Landes, wo sich die Menschen nicht mit ihrem Namen anreden, sondern mit verächtlichen Spitznamen wie Wanika, Wassika, Stjeschka, Palaschka bezeichnen; eines Landes endlich, wo es nicht nur keine Garantien für die Unantastbarkeit der Person, der Ehre und des Eigentums gibt, nicht einmal eine Polizeiordnung, sondern nur riesige Korporationen von beamteten Dieben und Räubern! Die brennendsten und aktuellsten nationalen Fragen in Rußland sind heute: die Vernichtung der Leibeigenschaft, die Abschaffung der Prügelstrafe und die möglichst strenge Einhaltung wenigstens jener Gesetze, die es gibt. Das spürt sogar die Regierung (die sehr gut unterrichtet ist, was die Gutsherren mit ihren Bauern treiben und wie viele von diesen jährlich durch jene umgebracht werden), was durch ihre zaghaften und fruchtlosen halben Maßnahmen zugunsten der weißen Neger bewiesen wird.«

Und als genügten diese sozialen Spannungen noch nicht, war auch die orthodoxe Kirche zerrissen in die eigentliche Staatskirche auf der einen Seite und auf der anderen die sogenannten »Altgläubigen«. Das Schisma lag weit in der Vergangenheit; es ging auf eine Kirchenreform des 17. Jahrhunderts zurück, die eigentlich nur liturgische Äußerlichkeiten abschaffte, beispielsweise die alte Aussprache des Namens Jesu oder das Kreuzschlagen mit zwei Fingern. Die Reformgegner, fast fünfzig Prozent der Gläubigen, sahen damit jedoch den Kernbestand der Religion gefährdet. Sie erklärten Peter den Großen wegen seiner »europäischen« Reformfreundlichkeit zum Antichristen und sich selbst zu den Gralshütern der alten Glaubenswahrheiten. Aus den zum Teil fanatischen Fundamentalisten gingen Ende des 17. Jahrhunderts wiederum zahlreiche Sekten hervor, die eine erstaunliche Lebensfähigkeit bewiesen. Eine davon, das Flagellantengrüppchen der »Chlysten«, bestand noch zu Beginn dieses Jahrhunderts, und ihr prominentestes Mitglied war Rasputin, der spirituelle Berater der Zarin.

Die Altgläubigen haben sich dank ihres Waffenstillstands mit der Staatskirche bis heute erhalten. Der russische Name für sie lautet »Raskolniki«, das heißt »Abtrünnige, Ketzer«. Und wie heißt der Held in SCHULD UND SÜHNE? Rodion Romanowitsch Raskolnikow. Er ist gleich zweifach ein Gespaltener: getrennt von der Gesellschaft und in sich selbst zerrissen.

Ein Mann seiner Zeit

Das ganze Leben Dostojewskijs verläuft im Spannungsfeld zwischen europäischer Moderne und russischer Tradition. Es ist kaum überraschend, daß er als junger politischer Aktivist und dann auch als anerkannter Schriftsteller von diesen mächtigen Kraftlinien erst in die eine, später in die genau entgegengesetzte Richtung gedrängt wurde. Dazwischen liegt wie eine unverheilte biographische Wunde das sibirische Straflager.

Er wird am 30. Oktober 1821 in Moskau geboren und wird fünf Tage später auf den Namen seines Großvaters mütterlicherseits getauft: Fjodor. Die Taufe findet in der Peter-Pauls-Kirche des Armen-Hospitals statt, wo der Vater als Arzt tätig war, in einem »Bezirk des Elends und der kummervollen Langeweile«. Das Haus, das die Familie bewohnt, ein Nebengebäude des Spitals, hat außer zwei Zimmern nur noch eine Diele, in der durch einen Bretterverschlag ein winziger Raum für die Söhne abgetrennt ist. Hier verbringt Dostojewskij seine gesamte Kindheit, mit

Der russische Kalender

Seit der Antike galt in Europa der von Julius Caesar eingeführte Kalender, der das Mondjahr des altrömischen Kalenders durch ein reines Sonnenjahr ersetzt hatte. Dieses Jahr dauerte zwölf Monate mit abwechselnd je 30 und 31 Tagen (Ausnahme: der Februar mit 28 Tagen), und alle vier Jahre wurde ein Schalttag hinzugefügt (der 29. Februar). Insoweit stimmt auch unser Kalender noch heute mit dem Julianischen Kalender überein.
In Wirklichkeit ist aber das julianische Kalenderjahr um 11 Minuten und 14 Sekunden zu lang. Damit ging der Kalender sozusagen vor, wodurch beobachtbare Phänomene wie etwa der Frühlingsanfang immer früher im Kalenderjahr auftraten. Dieser Fehler hatte sich bis zum Ende des 16. Jahrhunderts auf zehn Tage addiert. Papst Gregor XIII. führte deshalb den Kalender »neuen Stils« ein, mit dem die zehn aufgelaufenen Fehler-Tage einfach fallengelassen wurden und auf den 4. Oktober 1582 gleich der 15. Oktober 1582 folgte.

einer kränklichen Mutter und einem herrischen, jähzornigen, knauserigen Vater.

Als Fjodor zehn Jahre alt ist, kauft der Vater gut 150 Kilometer von Moskau entfernt Land, die Dörfer Darowoje und Tscheremaschni mit knapp fünfeinhalb Hektar und insgesamt hundert »Seelen«. Nachdem die Mutter 1837 an Schwindsucht gestorben ist, gibt der Vater die Arbeit im Hospital auf und lebt nur noch als typischer Gutsbesitzer, also meistens betrunken und zügellos grausam. Nur zwei Jahre später wird er von seinen Leibeigenen auf brutale Weise ermordet: Sie ersticken ihn mit einem Knebel oder einem Kissen. Die Mörder werden nie gefunden.

Um diese Zeit besucht Fjodor in St. Petersburg die Ingenieursschule der Armee. Er ist ständig in Geldnöten,

Frankreich nahm den Kalender neuen Stils, den »Gregorianischen Kalender«, noch im Jahr seiner Verkündigung an, die meisten anderen katholischen Länder in den Jahren danach. Preußen folgte im Jahr 1612, das übrige evangelische Deutschland erst um 1700. England übernahm den Kalender 1752 (mußte in diesem Jahr aber schon elf Tage ausfallen lassen). Rußland weigerte sich bis zum Februar 1918, den neuen Kalender einzuführen (die »Oktoberrevolution« fand nach heutigem Kalender also im November statt).
Im 19. Jahrhundert betrug der Rückstand des Julianischen Kalenders gegenüber dem Gregorianischen bereits zwölf Tage. Der Geburtstag Dostojewskijs war also nach dem alten russischen Kalender der 30. Oktober, nach dem westeuropäischen Kalender der 11. November.
Wir verwenden in diesem Buch für die Datierung von Ereignissen in Rußland durchweg den in Rußland bis 1918 gültigen Kalender »alten Stils«, für alle anderen den Kalender »neuen Stils«.

da er immer wieder fast alles, was er mühsam zusammenkratzt oder was ihm ein angebettelter Freund schickt, hemmungslos am Billardtisch oder beim Domino verspielt (den Rest stehlen dem zu Nachsichtigen die Dienstboten). Ohne einem anderen etwas davon zu sagen, schreibt er ARME LEUTE, seinen ersten und umgehend erfolgreichen Roman.

In diesem Jahr (1846) des schnellen und auftrumpfend verspielten Ruhms lernt er Michail Petraschewski kennen, der, obwohl er einmal als Beamter im Außenministerium beschäftigt war, am liebsten einen rabenschwarzen Vollbart und einen nach Verschwörermanier breitkrempigen Hut trägt. Dostojewskij besucht Petraschewskis Geheimversammlungen, die immer am Freitagabend in einem winzigen Zimmer stattfinden, an einem alten, wackligen Tisch und nur von einer Kerze beleuchtet. Petraschewski ist jedoch nicht etwa verarmt, die Elendskulisse ist vielmehr mit Bedacht arrangiert. Nur hier läßt sich, meint der Anführer, über die Befreiung des Volkes aus seinem politischen Elend angemessen diskutieren.

Noch sind diese Treffen keine richtige Verschwörung. Die Sympathisanten sitzen einfach nur zusammen, rauchen ihre Pfeifen, »kritisieren das Regime und beklagen die gegenwärtige Lage« (wie ein Teilnehmer in seinen späteren NOTIZEN schreibt). Was Dostojewskij an dem Zirkel besonders attraktiv findet, ist eine kleine Bibliothek verbotener Bücher. Im übrigen schwärmt man mit Sympathie und Leidenschaft für die linken Sozialutopien des Franzosen Charles Fourier. Dostojewskij gehört dem radikaleren Kern an. Bei einem Mitglied dieser Gruppe wird man nach der Verhaftung sogar einen politischen Gehorsamseid finden: »Wenn das leitende Komitee beschließt, daß der Augenblick gekommen ist, sich zu erheben, werde ich bedingungslos und ohne jede Einschränkung am Aufstand und an der Schlacht teilnehmen, nachdem ich mich mit Feuer- und Hiebwaffen versehen habe.«

In diesem Zirkel wirbt Dostojewskij nicht nur neue Mitglieder, er greift auch organisatorisch ein und betreibt die Gründung einer regelrechten konspirativen Zelle mit höchstens sieben Mitgliedern sowie die Einrichtung einer Geheimdruckerei.

Die Polizei, speziell die von Nikolaus I. zur Unterdrükkung aufrührerischer Elemente geschaffene »III. Sektion«, weiß schon seit Februar 1848, daß jeden Freitag bei dem »Kommunisten Petraschewski Gymnasiasten, Freidenker und Studenten« zusammenkommen. Ein V-Mann namens Antonelli wird eingeschleust. Am 11. März 1849 ist er zum erstenmal mit dabei, hat aber außer wildem Gerede nichts eigentlich Vorwerfbares in der Hand.

Er bemüht sich, die Diskutanten zu einer staatsfeindlichen Resolution zu provozieren: vergeblich – bis Dostojewskij am 15. April Belinskis offenen Brief an Gogol vorliest: Jetzt notiert sich Antonelli in Gedanken immerhin die kirchenfeindlichen Passagen für seinen Bericht an die III. Sektion. Und endlich, Wochen später, schließt Petraschewski eine Tischrede vor den Genossen mit feuriger Rhetorik: »Wir haben die gegenwärtige Gesellschaft zum Tode verurteilt, nun handelt es sich darum, das Urteil zu vollziehen.« Die Worte – dazu die von den Gästen geforderte Abschaffung des Eigentums, der Familie, der Armee, der Städte, des Staates und aller Gesetze – genügen dem Spitzel. Der Zar hat, wenn auch sachlich unbegründet, die panische Angst, die Tage der Dekabristen seien zurückgekommen. Er zögert nicht: »Vorwärts im Namen Gottes, und möge sein Wille geschehen.« Am 22. August 1849 um fünf Uhr morgens wird Dostojewskij verhaftet.

Wendepunkt

Die erste Verhandlung dauert nur eine Woche. Dostojewskij verteidigt sich, so gut er kann. Hinsichtlich des Belinski-Briefes gibt er zu, einen Fehler gemacht zu haben, indem er dem Brief eine Verbreitung gab, die der Text gar nicht verdiente. Aber all seine liberalistischen Aktionen hätten »nichts anderes bedeutet als den Wunsch, dem Vaterland nützlich zu sein«. Er behauptet: »Ich bin niemals Sozialist gewesen, auch wenn ich Bücher gelesen habe, die sich mit sozialen Problemen befassen.« Und tatsächlich: Die Untersuchungsrichter können in dem Debattierclub keine Verschwörung entdecken, erst recht keine begangene Straftat.

Da schaltet sich das Innenministerium ein und verlangt eine erneute Untersuchung des »Falles Petraschewski« durch eine Sonderkommission, in der jetzt auch sechs Generäle sitzen. In dieser Besetzung fungierte die Kommission als Militärgericht, denn nur Militärgerichte konnten trotz Abschaffung der Todesstrafe (1724) für Hochverrat Hinrichtungen verfügen. Und diesmal werden die Angeklagten, wie von vornherein gewünscht, für schuldig befunden.

Die Urteile vom 16. November sind hart: Fünfzehn Erschießungen, sieben Deportationen, sechs Freisprüche. Dostojewskij ist unter den Todeskandidaten. Nachdem aber alle Urteile noch einmal dem Zaren zur eventuellen Begnadigung vorgelegt werden müssen, wird bereits hier die Todesstrafe in acht Jahre Zwangsarbeit in Sibirien umgewandelt. Nikolaus I. fügt noch eine Randbemerkung hinzu: »Vier Jahre, dann gemeiner Soldat.« Dieses mildere Urteil wird dem Angeklagten vorerst nicht mitgeteilt. Statt dessen wird er zur Hinrichtung geführt. Es ist klirrend kalt, aber er kann sich später »nicht erinnern, die leiseste Empfindung von Kälte gehabt zu haben«.

»Heute, am 22. Dezember [1849]«, schreibt er seinem Bruder aus der Peter-Pauls-Festung, »wurden wir alle nach dem Semjonower Platz gebracht. Dort verlas man uns das Todesurteil, ließ uns das Kreuz küssen, zerbrach über unseren Köpfen den Degen und machte uns die Todestoilette [weißes Hemd und weiße Kapuze]. Dann stellte man drei von uns vor dem Pfahl auf, um das Todesurteil zu vollstrecken. Ich war der sechste in der Reihe; wir wurden in Gruppen von je drei Mann aufgerufen, und so war ich in der zweiten Gruppe und hatte nicht mehr als eine Minute noch zu leben. Ich dachte an Dich, mein Bruder, und an die Deinen; in dieser letzten Minute standest Du allein vor meinem Geiste; da fühlte ich erst, wie sehr ich Dich liebe, mein geliebter Bruder! Ich hatte noch Zeit, Pleschtschejew und Durow, die neben mir standen, zu umarmen und von ihnen Abschied zu nehmen. Schließlich wurde Retraite getrommelt, die an den Pfahl Gebundenen wurden zurückgeführt, und man las uns vor, daß Seine Kaiserliche Majestät uns das Leben schenke. Dann wurden die endgültigen Urteile verlesen.«

Die Scheinhinrichtung, wie viele unter diesem Zaren, war inszeniert, jedes abschreckende Detail von Seiner Majestät persönlich geplant und vorgeschrieben. »Die Verlesung des Urteils, das auf Tod durch Erschießen lautete«, erklärt Dostojewskij im TAGEBUCH EINES SCHRIFTSTELLERS 24 Jahre danach, »erfolgte durchaus nicht wie zum Scherz, sondern in allem Ernst; fast alle Verurteilten waren überzeugt, daß das Urteil unfehlbar vollstreckt werde, und durchlebten mindestens zehn furchtbare, maßlos schreckliche Minuten der Erwartung des Todes.« Nicht jeder überstand die perfide Prozedur so unbeschadet wie Dostojewskij: Einer seiner Mitgefangenen wird dabei unheilbar wahnsinnig.

Am Weihnachtsabend werden Dostojewskij und drei Mitverurteilten fünf Kilo schwere Fußketten angelegt, und kurz nach Mitternacht beginnt der Abtransport nach Sibirien, in offenen Schlitten, jeweils ein Gefangener und zur Bewachung ein Gendarm. Dostojewskij friert ohne schützende Decke in der Winterkälte, hat aber in der frischen Luft einen gesunden Appetit und ist anfangs sogar »guter Laune«. Erst als er den Ural mitten in einem Schneesturm überquert, packt ihn die Trauer des Abschieds von Europa. Am 11. Januar kommen sie in Tobolsk an, rasten bis zum 16. und sind drei Tage später in Omsk, am Ziel der Reise.

Im Gulag des Zaren

Uns Heutigen erscheint die Außenansicht der Omsker Strafkolonie wie die Kulisse eines post-apokalyptischen Fantasy-Films: eine dunkle »Mauer« aus groben Baumstämmen, unregelmäßig übereinandergelegt, mal vier, mal sechs Meter hoch, hier solide, dort von Luken durchlöchert; und alle paar hundert Meter ist diese offenbar hastig zusammengebaute Palisade unterbrochen von bis zu achtzehn Meter hohen, plumpen Wachtürmen aus ebenso horizontalen Balken, fensterlos bis zum oberen Ausguck, von wechselnden, eher zufälligen Dachformen gekrönt, und die letzte Turm-Etage ragt eigenwillig nach außen, als hätte ein experimentierfreudiger Bastler noch eine letzte Eigenwilligkeit hinterlassen.

Im Innern dann zwei langgestreckte Holzbaracken, dazu zwei kleinere für die Küche und die Vorratsräume. »Die

Mitte des Hofes«, beschreibt Dostojewskij den Ort, »ist frei und bildet einen gleichmäßigen, ziemlich großen Platz. Hier treten die Sträflinge an, hier findet die Zählung und der Namensaufruf morgens, mittags und abends statt, zuweilen aber auch sonst noch ein paarmal am Tage – je nach dem Argwohn der Wachhabenden und ihrer Geübtheit im Zählen.«

Die rußgeschwärzten Häftlingsbaracken sind im Sommer brütend heiß, im Winter eiskalt, im Vorraum stinkt der Holztrog, der als Toilette dient, die Fenster sind vergittert, die Luft ist stickig, der Boden schmutzverklebt, »die Decke ist undicht und tropft, überall ist Durchzug«. Was für Dostojewskij jedoch am schlimmsten ist (abgesehen davon, daß er ab jetzt nicht mehr allein sein kann): Er darf nicht mehr schreiben. Im Lager treten nun erstmals epileptische Anfälle auf, und Dostojewskij wird sein Leben lang unter ihnen zu leiden haben.

Und doch darf man das Elend der Strafkolonie nicht allzu schauerromantisch malen. In Freiheit hätten viele der hier Gefangenen kaum ein besseres Leben, dafür aber erheblich härtere Arbeitsbedingungen gehabt. Es wird sogar von Soldaten berichtet, die nur deswegen Raubüberfälle oder gar Morde begingen, um zur Strafarbeit verurteilt zu werden, denn das Leben war dort immer noch erträglicher als im Militärdienst. Das Essen bezeichnet Dostojewskij selbst als »reichlich«, und ab und zu – wenn es sein muß, durch einen Diebstahl – läßt sich auch Geld verdienen, das dann aber nie lange in der Tasche bleibt, weil das in Monaten Erarbeitete für ein plötzliches »Festgelage« mit geschmuggeltem Alkohol ausgegeben wird.

Gleichwohl bleiben die vier Jahre schrecklich – und entscheidend für den weiteren Lebensweg Dostojewskijs. Er haust in dieser Zeit mit etwa 250 anderen Strafgefangenen zusammen, und dieses buchstäblich hautnahe, für ihn viel zu intime gemeinsame Leben hinterläßt bleibende Spuren unterschiedlicher Art.

In erster Linie schärft die Zeit seinen realistischen Schriftstellerblick. Es ist unvermeidlich, daß er sich mit seinen Mitgefangenen beschäftigt, sei es in Gedanken, aber genauer noch beobachtend oder im Dialog mit ihnen. Er lernt hier Menschentypen kennen, die er in seinem Großstadtleben noch nie gesehen hat; er hört Lebensgeschichten, deren tragische Dramatik sich ihm nicht einmal im Traum erschlossen hätte. Er hat später immer wieder betont, welch farbige Menschentypen und ungewöhnliche Figuren er aus der Strafkolonie in sein späteres Leben »mitgenommen« hat.

Sofort nach seiner Entlassung schreibt er seinem Bruder: »Wieviel volkstümliche Gestalten und Charaktere habe ich im Zuchthaus kennengelernt! Ich habe mich mit ihnen eingelebt und glaube sie daher gut zu kennen. So viele Lebensläufe von Landstreichern und Räubern habe ich kennengelernt und überhaupt das ganze traurige Leben des gemeinen Volkes. Das würde ganze Bände geben. Welch wunderbares Volk. Meine Zeit habe ich überhaupt nicht unnütz verbracht.«

Die Begegnung mit »dem Volk« nimmt aber darüber hinaus eine viel tiefere Bedeutung an. Dostojewskij muß erkennen, für wen seine schwärmerischen Clubfreunde und er die politische Befreiung überhaupt geplant hatten, mit anderen Worten: Der Sozialutopist steht erstmals vor den bisher nur abstrakt diskutierten Menschen. Das Erlebnis ist außerordentlich ambivalent.

Einerseits ist Dostojewskij angesichts dieser Verbrecherbande erschüttert über den Grad an weltfremder Idealisierung, den die Petraschewzen sich im fernen St. Petersburg erlaubt hatten. Diese Menschen hier sind alles andere als nur durch eine falsche Gesellschaftsordnung verdorben oder durch irgendeine vage Revolution zu ihrer natürlichen Güte zu befreien. Er kann zu diesen Menschen nicht einmal verständlich sprechen, denn sie hassen ihn, den Vertreter des Kleinadels, und wollen auch in der gemeinsamen Knechtschaft nichts mit ihm zu tun haben.

Andererseits ist er, wie wir gesehen haben, tief und bleibend beeindruckt von der selbst hier aufrechterhaltenen Menschenwürde, einer durch alle Verbrechen weiterlebenden Brüderlichkeit, einer ihm langsam deutlich werdenden, über alle Zweifel hinweg religiösen Charakterstärke.

Dieser Aufmarsch von Selbstsucht und Grausamkeit, zugleich ein Totentanz und eine Erleuchtung, trifft den 28jährigen Dostojewskij völlig unvorbereitet. Alles, was er sich über das Leben des Menschen zurechtgelegt hat, kommt jetzt ins Wanken. Es geschieht, was bei der prägenden Kraft der neuen Eindrücke zwangsläufig geschehen muß: Er läßt die bisher gehegten Grundsätze wie eine abgelegte Haut hinter sich zurück. Er hört auf, Schwärmer und Sozialist zu sein. Er hat die Trennlinie zwischen dem alten und einem neuen Leben überschritten.

Das russische Wort für »Überschreitung«, aber auch »Übertretung« und »Verbrechen« ist »prestuplenie«. Es wird im Originaltitel von SCHULD UND SÜHNE wieder auftauchen: PRESTUPLENIE Y NAKAZANIE.

Die aufhaltsame Rückkehr ins Leben

Am 15. Februar 1854 wird Dostojewskij aus der Zwangsarbeit entlassen, wohnt einige Wochen noch bei einer Bekannten, der Tochter eines Dekabristen, der er vier Jahre vorher in Tobolsk begegnet war, und wird im März weiter nach Süden gebracht, nach Semipalatinsk. Hier, am Rand der kirgisischen Steppe, muß er noch vier Jahre als »gemeiner Soldat« im 7. Bataillon des Sibirischen Linienregiments abbüßen. Diese Abmilderung der Freiheitsstrafe hat bereits vier Jahre vorher der Zar im Urteil verfügt; es ist denkbar, daß er es aus Respekt vor dem Schriftsteller tat.

Der Entlassene bittet den Bruder vor allem um Lesestoff: »Was ich aber unbedingt brauche, ist folgendes: Ich brauche (sehr notwendig) ältere Historiker (in französischer Übersetzung), neuere Historiker: Vico, Guizot, Thierry, Thiers, Ranke usw., volkswirtschaftliche Werke und die Kirchenväter.« Ein weites, unruhiges Interessenfeld, Nachholbedarf. Er denkt praktisch: »Wähle die billigsten und kompaktesten Ausgaben aus.«

Im November 1854 trifft in Semipalatinsk der junge Staatsanwalt Baron Wrangel ein, ein eleganter, weltstädtischer Adliger, den nur die Beamtenkarriere in dieses Provinznest verschlagen hat. Durch einen seltsamen Zufall war Baron Wrangel sogar Zeuge der Scheinhinrichtung auf dem Semjonower Platz 1849. Er sah die Männer an den Pfählen und wie sie losgebunden und weggebracht wurden. »Dann leerte sich der Platz«, schreibt er in seinen ERINNERUNGEN, »die Menge zerstreute sich wieder, nachdem sie sich bekreuzigt und die Milde des Zaren gepriesen hatte.«

Wrangel lädt den Schriftsteller zum Tee ein und übergibt ihm das Bücherpaket, das ihm Dostojewskijs Bruder

Das Abschmieden

Nach zwei Jahren »guter Führung« wurden Dostojewskij die Fußketten abgenommen. Eine solche Szene hat er in den Schlußzeilen der AUFZEICHNUNGEN AUS EINEM TOTENHAUS geschildert:
»Zehn Minuten nach dem Abmarsch der Sträflinge verließen auch wir den Ostrogg, um nie wieder in ihn zurückzukehren – ich und mein Kamerad, mit dem ich gekommen war. Wir mußten uns nach der Schmiede begeben, um uns dort die Ketten abschmieden zu lassen. Doch schon begleitete uns keine Eskorte mit geladenem Gewehr: wir gingen mit einem Unteroffizier. Das Abschmieden besorgten in der Pionierwerkstätte unsere eigenen Sträflinge. Ich wartete, bis mein Kamerad von den Fesseln befreit war, dann trat ich selbst an den Amboß. Die Schmiede drehten mich mit dem Rücken zu sich, hoben von hinten meinen Fuß und legten ihn auf den Amboß ... Sie waren geschäftig bei ihrer Arbeit und wollten sie ersichtlich so gewandt und gut wie nur möglich machen.
›Die Niete, kehr die Niete nach oben! ...‹, kommandierte der Älteste, ›halt jetzt fest, so, nun ... Schlag jetzt mit dem Hammer ...‹
Die Fesseln fielen. Ich hob sie auf ... Ich wollte sie noch einmal in der Hand halten, sie noch zum letztenmal sehen. Ich wunderte mich gleichsam darüber, daß sie soeben noch an meinen Füßen gewesen waren.
›Nun, mit Gott! Mit Gott!‹ sagten die Sträflinge mit ihren rauhen, trockenen Stimmen, aus denen aber diesmal eine gewisse Zufriedenheit mit irgend etwas klang.
Ja, mit Gott! Freiheit, neues Leben, Auferstehung von den Toten ... Welch ein herrlicher Augenblick!«

mitgegeben hat. Dostojewskij bittet darum, es sofort öffnen zu dürfen, liest den beigelegten Brief des Bruders, und die Tränen schießen ihm in die Augen. Auch der Baron liest die eben eingetroffenen Briefe seiner fernen Eltern und Freunde. Die beiden Männer fühlen sich gleicherweise verbannt in diese staubige Blockhütten-Siedlung, weit weg von ihrem St. Petersburg und den Menschen, die sie lieben. Dostojewskij und Wrangel fallen sich weinend in die Arme: Es ist der Beginn einer wunderbaren und überraschend haltbaren Freundschaft.

Die Bekanntschaft mit Wrangel öffnet Dostojewskij die »Salons« der besseren Gesellschaft der Stadt. Bald lernt er hier Maria Dmitrijewna Issajew kennen. Die von einer Tuberkulose ausgezehrte Mutter eines sechsjährigen Sohnes hat traurige Augen und volle Lippen, ist blond, dreißig Jahre alt, mit einem Lehrer und hemmungslosen Trinker verheiratet und ausgehungert nach geistvoller Konversation. Dostojewskij hält ihr Interesse an seiner Person für sinnliche Verliebtheit.

Schlagartig bricht seine Leidenschaft aus (es ist das erste Mal, daß wir bei ihm, jetzt immerhin schon 33 Jahre alt, von drängender Erotik hören). Sie bleibt unerfüllt, die gesellschaftlichen Zwänge sind stärker. Dann wird Marias Mann nach Kusnezk versetzt, 700 Kilometer entfernt. Die Trennung treibt ihn fast in den Wahnsinn.

Er schreibt ihr verzweifelte Briefe und fährt ihr mit Wrangels trickreicher Hilfe sogar nach, unter Mißachtung aller Reiseverbote für Sträflinge. Aber sie hält ihn hin, kommt nicht zum Rendezvous und beantwortet seine Briefe monatelang überhaupt nicht, und wenn schließlich doch, dann um ihm mitzuteilen, daß sie sich – nach dem Tod ihres Mannes 1855 – in einen jüngeren Kollegen von ihm verliebt hat. Knapp zwei Jahre später eine plötzliche Kehrtwendung: Maria nimmt Dostojewskijs Heiratsantrag an. Am 6. Februar 1857 werden sie in Kusnezk getraut.

Die Entlassung aus dem Militärdienst wird ihm 1858 gewährt, aber ein Rest Verbannung bleibt ihm: Er darf St. Petersburg oder Moskau nicht betreten. Also läßt er sich mit Frau und Stiefsohn in Twer nieder, an der Bahnlinie zwischen den beiden verbotenen Städten. Erst im Jahr darauf kehrt er in die Stadt seiner Jugend zurück.

Dostojewskij beginnt, wieder als Schriftsteller zu arbeiten. Für den Broterwerb gründet er 1861 die bald erfolgreiche Monatszeitschrift VRENYA (Die Zeit), für die er trotz einiger prominenter Autoren die meisten Artikel selbst schreiben muß. Das kann er nur nachts, zwischen elf Uhr und fünf Uhr morgens, wenn das Haus endlich ruhig ist – und mit einem zähsteifen Tee aus dem Samowar.

Er hält das Arbeitstempo nicht lange durch. Nach der dritten Nummer wird er krank, seine epileptischen Anfälle häufen sich, er hat jetzt mindestens einen pro Woche, und er erlebt in den vorausahnenden Minuten davor einen mystischen Augenblick »glückseliger Harmonie in mir und in der Welt«, bevor ihn die Muskelkrämpfe zu Boden werfen.

Die Ärzte raten ihm zu einer erholsamen Europa-Reise. Dostojewskij fährt am 7. Juni 1862 ab. Er läßt Frau und Kind zurück und reist allein.

Wie sieht vier Jahre nach der endgültigen Verbüßung der Strafe eine Zwischenbilanz aus?

Von fern betrachtet, ist der Schriftsteller in eine produktive Geordnetheit zurückgekehrt. Er hat alte Beziehungen aufgefrischt, er schreibt wieder, und die Zeitschrift bringt immerhin ausreichend Geld ein. Aber wenn wir näher hinsehen, stellen wir etwas anderes fest: Dostojewskij erscheint keineswegs als Herr seines Lebens, sondern vielmehr als unruhig Getriebener, den die Zwänge des Alltags in eine gehetzte Atemlosigkeit, in die Krankheit und aus der Stadt drängen.

Er weiß genau Bescheid über die Trostlosigkeit seiner Lage; resigniert schreibt er an Belinskis Witwe: »Ich bin verheiratet, ich bin krank, ich mache Literatur, ich leite eine Zeitschrift.« Die ERINNERUNGEN AUS EINEM TOTENHAUS, sein Bericht aus der Strafkolonie, machen ihn zwar auf der Stelle berühmt (1861), aber es ist ein journalistischer Erfolg, der Skandal des bisher offiziell beschwiegenen Themas, keineswegs die literarische Qualität. Nichts in diesen Jahren deutet darauf hin, daß jetzt fünf monumentale Romane entstehen werden.

Der Spieler

Die fluchtartige Reise führt ihn zuerst nach Paris (»eine abscheulich traurige Stadt«), aber er sucht hier nicht die Begegnung mit Flaubert oder Victor Hugo, sondern verbarrikadiert sich hinter Heimweh und übellaunigem Selbstmitleid. Er flieht weiter nach London, ist aber Anfang Juli schon wieder zurück in Paris. Wieder hält es ihn nicht lange. In Genf trifft er den Freund Strachow, mit ihm geht es weiter nach Luzern, Turin, Genua, nach Livorno und Florenz. Eine mürrische Promenade: »Weder die Natur noch die Monumente oder die Kunstwerke interessierten ihn«, beschreibt Strachow den Reisegefährten. Nach einer Woche Florenz fährt Dostojewskij schon wieder ab, zurück nach St. Petersburg.

Seit dem Tod des Zaren Nikolaus I. (1855) regiert Alexander II. – im Vergleich zu seinem Vorgänger fast ein Liberaler. Aber was das von Rußland annektierte Polen betrifft, ist die Zensur so streng wie eh und je. ›Die Schicksalsfrage‹, ein Artikel Strachows in Dostojewskijs Zeitschrift, wird, völlig zu Unrecht, als polenfreundlich ausgelegt und die Zeitschrift im Mai 1863 verboten. Dostojewskijs einzige Einnahmequelle ist versiegt. Und was tut der Herausgeber angesichts dieses Scherbenhaufens? Er leiht sich Geld und verreist wieder einmal, nur diesmal nicht allein.

Auftritt Polina Suslowa: Die gefühl- und gesetzlose Abenteurerin ist wohl die unwahrscheinlichste Frau im Leben des Schriftstellers. Mit ihren tiefliegenden Augenhöhlen, der spitzen Nase und den hängenden Lippen sieht sie einer Sterbenden ähnlicher als einer Reisepartnerin. Ungeduldig, da ihr die Abwicklung der Zeitschrift zu lange dauert, reist sie dem Verheirateten voraus nach Paris. Auf dem Weg zu ihr bleibt er in Wiesbaden hängen, geht vom Bahnhof direkt in das Spielcasino und zum Roulettetisch. Er gewinnt 10 400 Francs, ein kleines Vermögen, und verspielt die Hälfte davon in den nächsten sechs Stunden. Er glaubt, das Geheimnis des Glücksspiels erfaßt zu haben: »Es ist so einfach wie nur möglich: Man muß nur Herr seiner selbst bleiben und, soviel die Partie auch wechselt, sich hüten, Feuer zu fangen.« Wenn es nur so einfach wäre.

Am 26. August 1863 trifft er in Paris ein. Polina hat sich inzwischen einen Spanier zum Liebhaber genommen, der sie aber nicht liebt, und für Dostojewskij bleibt in glühenden, tränenreichen Wahrheitsspielen nur die Nebenrolle des Trösters. Schließlich fährt Polina aber doch mit ihm nach Baden-Baden. Dostojewskij spielt und verliert. Weiter in die Schweiz. In Genf geht ihnen das Reisegeld aus; er versetzt seine Uhr und einen Ring von Polina. Weiter, weiter, nach Italien, nach Rom. Die nächtelangen Diskussionen arten in nervöse Streitigkeiten aus. Weiter geht es nach Neapel, nach Turin. Mitte Oktober trennen sich die ungleichen Gefährten: Polina fährt nach Paris zurück, Dostojewskij nach Hamburg und mit dem Schiff nach St. Petersburg.

Aber auch hier findet er keine Ruhe für einen Roman, den er im Kopf hat (es ist DER SPIELER, wie er Ende September an Strachow geschrieben hat). Die Ehefrau ist krank und muß in das gesündere Moskauer Klima umziehen.

Mit dem Bruder zusammen hat Dostojewskij eine Nachfolger-Zeitschrift gegründet, DIE EPOCHE. Mit horrenden Krediten kauft er Papier und bezahlt die Druckerei. Zwischen den endlosen Anlaufproblemen in St. Petersburg und der immer schwächeren Maria in Moskau fährt Dostojewskij gedankenverloren hin und her. Gewissermaßen an ihrem Krankenbett schreibt er die finsteren AUFZEICHNUNGEN AUS EINEM KELLERLOCH.

Nun aber folgen die Katastrophen Schlag auf Schlag: Mitte April stirbt seine Frau, am 10. Juli 1864 sein Bruder. Dostojewskij übernimmt alle finanziellen Verpflichtungen der Familie. Aber er kann die aufgelaufenen Schulden nicht zurückzahlen, also die Zeitschrift nicht sanieren. Zahlungsbefehle treffen immer häufiger ein. Im Juni 1865 wird DIE EPOCHE eingestellt.

In diesem düsteren Augenblick erscheint der Verleger Stellowski und bietet dem Schriftsteller einen Vertrag an: Der Verleger zahlt ihm 3000 Rubel; dafür erhält er das Recht, alle bisherigen Werke des Autors zu veröffentlichen und darüber hinaus einen noch zu schreibenden Roman, den der Autor bis zum 1. November 1866 abzuliefern hat; falls er diese Frist überschreitet, erhält der Verleger außerdem das Recht, sämtliche künftigen Werke des Autors honorarfrei zu publizieren. Ein Knebelvertrag, der den Autor möglicherweise zum lebenslänglichen Sklaven des

Verlegers macht. Aber Dostojewskij sieht keinen anderen Ausweg mehr: Er unterschreibt. Von der versprochenen Summe behält Stellowski jedoch 95 Prozent für sich; er hat einige Schuldscheine gegen Dostojewskij aufgekauft und verrechnet die Beträge kurzerhand mit dem versprochenen Vorschuß.

Macht sich Dostojewskij nun etwa an die Arbeit? Nein. Mit den jämmerlichen 175 Rubel, die ihm verbleiben, unternimmt er die nächste Reise – eine Flucht vor sich selbst und vor seinen Gläubigern. In Wiesbaden verspielt er in fünf Tagen sein ganzes Geld. Brieflich bettelt er Turgenjew an (der ihm ein wenig aus der unwürdigen Verlegenheit hilft) und hofft auf Polina (die aber ohne einen Sou nur kurz zu Besuch kommt). Im Hotel überhört man die Klingelzeichen des Bankrotteurs, man putzt ihm nicht mehr die Schuhe, bringt ihm kein Essen, nur Tee, wochenlang nur noch Tee. Neue Brand- und Bettelbriefe bleiben unbeantwortet. Endlich kommt im Oktober Geld von dem treuen Wrangel aus Kopenhagen, und Dostojewskij ist überraschenderweise so vernünftig, es zur Heimreise nach St. Petersburg zu verwenden.

Seine großen Romane sind noch immer nicht erschienen. Aber während der demütigenden Hotelwochen in Wiesbaden beginnt die Arbeit an SCHULD UND SÜHNE.

In der Werkstatt

Den Anstoß gab, wie oft in Dostojewskijs Leben, eine Frau. Auf einem seiner hungrigen Spaziergänge in Wiesbaden erzählte er der aufmerksamen Prinzessin Schalikowa von seinem Unglück. Die Prinzessin war selbst Autorin, natürlich unter diversen Pseudonymen, aber entscheidender für Dostojewskij war sie als Verwandte von Michail Nikoforowitsch Katkow, dem Chefredakteur einer einflußreichen Zeitschrift, des RUSSISCHEN BOTEN. Katkow, auch mit Bakunin und Belinski befreundet, gehörte lange Zeit der progressiven Intelligenz an; erst 1863, nach dem polnischen Aufstand, liefen er und DER RUSSISCHE BOTE zur eher nationalistischen Seite über und griffen ab da die linken Intellektuellen scharf an.

Einen solchen Schwenk hatte Dostojewskij zwar noch nicht so radikal vollzogen, aber er war bereits auf dem selben Weg und wandte sich dem Blatt in seiner finanziellen Not ohne langes Nachdenken zu. Auch daß Katkow mit seiner Polemik gegen die angeblich polenfreundliche »Zeit« den Anstoß für das Verbot der Zeitschrift gegeben hatte, sollte jetzt vergessen sein. Und die Vermittlung der Prinzessin tat ein übriges.

In der ersten Septemberhälfte also bietet Dostojewskij der Zeitschrift eine kleine »Geschichte« an (das Original des Briefes ist leider verloren, aber ein Entwurf dazu fand sich im Nachlaß des Autors). Er bezeichnet das Angebot als eine »Novelle«, an der er »seit zwei Monaten« arbeitet, und skizziert ein Exposé. Die Spuren zurück zur Strafkolonie, aber auch zu den »umherschwirrenden« radikalen Theorien seiner Jugendzeit sind deutlich lesbar:

»Ein junger, von der Universität relegierter, aus dem Kleinbürgertum stammender Student, der in äußerster Armut lebt, hat beschlossen, sich mit einem Schlag aus seiner quälenden Lage zu befreien. Leichtsinn, verworrene Ideen und der Einfluß unausgegorener, fremder Gedanken, die herumschwirren, haben ihn dazu bewogen. Er will eine alte Frau töten, die Geld auf Zinsen verleiht. Die Alte ist töricht, taub, krank, geizig, nimmt so hohe Zinsen wie ein Jude, ist böse und malträtiert ihre junge Schwester, die bei ihr Dienerin ist. ›Sie taugt zu nichts, niemandem ist sie nützlich. Wozu lebt sie?‹ Diese Fragen quälen das Hirn des jungen Mannes. Also beschließt er sie zu töten, zu berauben und das Geld dazu zu benützen, seine Mutter, die in der Provinz lebt, glücklich zu machen und seine Schwester vor den lüsternen Nachstellungen eines Grundbesitzers, bei dem sie als Gesellschafterin lebt, zu bewahren, und schließlich dazu, sein Studium zu beenden, ins Ausland zu gehen und dann für den Rest seines Lebens aufrecht und unablässig ›seine Pflicht der Menschheit gegenüber‹ zu erfüllen, was allmählich sein Verbrechen überdecken wird, sofern man diese Tat gegen eine taube, blöde, böse, kränkelnde alte Frau, die selbst nicht weiß, warum sie auf der Welt ist und in einem Monat sowieso stirbt, überhaupt ein Verbrechen nennen kann ...

Aber die göttliche Wahrheit und das irdische Gesetz wirken, und er fühlt sich schließlich *gezwungen*, sich selbst anzuzeigen; gezwungen, obwohl er riskiert, in der Zwangsarbeit zu sterben, aber in der einzigen Hoffnung, von neuem der menschlichen Gesellschaft anzugehören, denn das Gefühl der Ausgeschlossenheit, das ihn von den Menschen isoliert und das sich sofort nach dem Verbrechen seiner bemächtigt, hat ihn bis zum äußersten gemartert. Das Gesetz der Wahrheit und der menschlichen Natur {hier wird der Text unleserlich}. Der Verbrecher will die Qualen auf sich nehmen, um seine Tat zu sühnen.«

Im Anschluß daran begründet Dostojewskij die Handlung damit, daß sie ganz und gar nicht soziologisch »exzentrisch« sei; im Gegenteil, er habe eine ähnliche – er fügt eigens hinzu: »eine wahre« – Geschichte in Moskau gehört, wo ebenfalls ein junger Student aus guter Familie einen Postbeamten ermorden wollte, und er zitiert die Zeitungsmeldung über den Priesterzögling, der nachts ein junges Mädchen erstochen hat und dann beim Frühstück verhaftet wird.

Und weil er Katkows zu schnellem Urteil über den Journalisten Dostojewskij vorbeugen möchte, fügt er noch diese zwischen Selbstbewußtsein und Bescheidenheit schwankenden Sätze hinzu:

»Ich garantiere Ihnen, daß es den Leser fesseln wird, aber was die künstlerische Ausführung betrifft, will ich nicht das Richteramt übernehmen. Es ist mir zu oft geschehen, daß ich aus Gründen der Eile sehr, sehr miserable Sachen geschrieben habe. Diese Sache aber habe ich nicht in Eile, sondern mit Leidenschaft geschrieben. Ich werde versuchen, und sei es nur für mich selbst, sie auf die bestmögliche Weise zu Ende zu bringen.«

Die Arbeit wird tatsächlich nicht in Eile fertig, sogar noch viel später, als Dostojewskij sich in diesem Augenblick vorstellen mag. Auf jeden Fall aber bittet er um ein Honorar von 125 Rubel für einen Bogen (16 Seiten, vier bis fünf Bogen sind geplant), das ist ein Viertel dessen, was man anderen Autoren bezahlt, etwa Turgenjew oder Tolstoi. Und, fügt er hinzu, er brauche einen sofortigen Vorschuß von dreihundert Rubel, da er momentan in – nicht weiter erläuterten – Schwierigkeiten sei.

Katkow läßt sich Zeit mit der Antwort. Als das Geld in Wiesbaden endlich ankommt, ist Dostojewskij schon abgereist. Das Geld wird ihm aber nachgeschickt, und nun beginnt zwischen Katkow und Dostojewskij eine jahrelange fruchtbare Zusammenarbeit: Alle fünf großen Romane werden zuerst im RUSSISCHEN BOTEN veröffentlicht.

Aber selbst der erste von ihnen liegt noch in weiter Ferne. Nicht einmal die geplante »Novelle« kann Dostojewskij ausarbeiten. Familiäre Streitigkeiten, in denen es seit dem Tod des Bruders immer um Geld geht, lassen ihm nicht die nötige Ruhe. Plötzlich, Ende November, verbrennt er angeblich den ersten Entwurf (wenigstens schreibt er in diesem Sinn an Wrangel): »Er gefiel mir selbst nicht mehr; ein neuer Plan hat mich gepackt, und ich habe ganz von vorne angefangen.«

Was hat dem Autor so mißfallen an den sechs bereits vorliegenden Kapiteln dieser »Wiesbadener Version«?

Ein Blick über die Schulter

Aus Dostojewskijs Notizbüchern, die seit 1990 erstmals vollständig publiziert sind, läßt sich der Text der Novelle weitgehend rekonstruieren. Auffallend ist eine große Übereinstimmung zwischen dem ersten Textentwurf und einigen Kapiteln von SCHULD UND SÜHNE. Auch viele Nebenfiguren treten hier bereits mit denselben Kennzeichen auf wie im späteren Roman, etwa das immer wieder von diesen Stadtmenschen erstaunte Bauernmädchen Nastassja, der laute, aber gutmütige Rasumichin oder die auf beruflichen Anstand bedachte deutsche Vermieterin Luisa.

Der Grund dafür, daß Dostojewskij diese Version nicht weiter verfolgte, muß darin liegen, daß die Hauptfigur über das enge Exposé hinausgewachsen ist. Das Manuskript bricht gerade in dem Augenblick ab, als der Ich-Erzähler nicht mehr lediglich Angst empfindet, sondern Ärger und Wut gegen alle, die ihn während seiner Krankheit gepflegt haben. Für die Weiterarbeit notierte an dieser Stelle der Autor: »Wieder genesen. Kalte Wut, Berechnung. Warum so rücksichtslos?« Dies ist offensichtlich eine Frage des Autors an sich selbst, die zeigt, daß sich der »Held« während des Schreibens in eine Richtung entwickelte, die im Rahmen der Novelle nicht vorgesehen war.

Andere, dramatischere Arbeitsnotizen verraten die jetzt neue, für Dostojewskij bedeutsam gewordene Rolle des Mitleids mit dem Verbrecher: »Ich bin ein niederträchtiger und abscheulicher Mörder, lächerlich und geizig. Ja, genau, kann man mit so jemandem Mitleid haben? Gibt es jemand, der Mitleid hat? Niemand, niemand! Und doch ist das unmöglich!« Im späteren Roman wird es Sofja sein, deren Mitleid den Mörder zur inneren Freiheit bringt.

Ein weiterer Charakterzug des Ich-Erzählers ist seine allmählich hervortretende Menschenverachtung, eine gnadenlose Misanthropie. »Die Menschen sind verächtlich. Tröstet sich vollständig«, lesen wir nun in den Notizen, und dann: »Wie schmutzig die Menschen sind. Sind sie es wert, daß ich vor denen bereue? Nein, nein, ich werde weiter schweigen!«, oder »Wie ekelhaft die Menschen sind! Und genau da der Brief der Mutter!«

Diese Entwicklungen sprengten die Kurzform der Novelle und verlangten nach einer erheblich breiter angelegten Charakterschilderung. Das Zwischenergebnis ist ein zweiter Entwurf, den man die »Petersburger Fassung« genannt hat.

Eine Arbeitsanweisung Dostojewskijs an sich selbst lautet nun: »Die *Geschichte* ist zu Ende, und das *Tagebuch* beginnt.« Der Eintrag bedeutet, daß der Ich-Erzähler jetzt im Gefängnis sitzt und hier, im Rückblick, seine Geschichte aufschreibt. Folglich beginnt der Petersburger Entwurf mit dem neuen Titel »Vor Gericht« mit diesen Worten, die nach der Verhandlung gesprochen sind: »Ich werde alles sagen. Ich werde alles niederschreiben. Ich schreibe es für mich, aber mögen andere und alle meine Richter es lesen (wenn sie wollen). Dies ist ein Geständnis (ein volles Geständnis). Ich schreibe für mich, für meine eigenen Bedürfnisse und werde deshalb nichts geheimhalten.«

Wiedergabeschwierigkeiten: Autor und Werktitel

Der Name des Autors von SCHULD UND SÜHNE wird in sehr verschiedenen Schreibweisen wiedergegeben. Einige davon beanspruchen, die Aussprache des russischen Namens besonders gut zu reproduzieren. Eine persönliche Empfehlung haben wir sogar vom Autor selbst: In einem Brief an Baron Wrangel (5. September 1865) gibt er als Absender-Adresse an: »Allemagne, Nassau, Wiesbaden, poste restante, à M. Théodore Dostoiewsky.« Im Deutschen hat sich jedoch »Dostojewskij« durchgesetzt, auch im wissenschaftlichen Gebrauch. Daneben hält sich die Schreibung »Dostojewski«. Weitere Varianten sind durch die Setzung eines Betonungsakzents möglich, also etwa »Dostojéwskij« (obwohl der Autor sich auf der zweiten Silbe betonte). Daneben findet man aber noch ganz andere Schreibweisen: Dostojevsky, Dostoyevsky, Dostoevsky (im Deutschen des 19. Jahrhunderts noch gebräuchlich, heute im Englischen verbreitet), Dostoëvsky (so meist im Französischen).
Die genaue Übersetzung des Romantitels wäre eigentlich »Verbrechen und Strafe« (wie ja die englischen Ausgaben betitelt sind: CRIME AND PUNISHMENT, während der französische Titel, CRIME ET CHÂTIMENT über das rein Juristische hinausgeht). Dostojewskij kam es durchaus auf den Hinweis an, daß es sich hier auch um ein strafrechtliches Problem handelte. Im Deutschen aber klangen die Begriffe »Verbrechen« und »Strafe« wohl zu nüchtern, zu eng juristisch umschrieben. Um das Gemeinte in allen Facetten wiederzugeben, müßte man also etwas so Umständliches wie »Verbrechen und Strafe als Schuld und Sühne« nehmen. Gegen den manchmal beschrittenen Ausweg, dem Roman als Titel den Namen des Helden zu geben: »Raskolnikow« oder »Rodion Raskolnikow«, wird der Vorwurf erhoben, gar so einfach dürfe man es sich denn doch nicht machen. Aber schon Dostojewskijs Frau Anna bezeichnet in ihren Erinnerungen den Roman ausschließlich unter dem Titel »Rodion Raskolnikow« oder nur »Raskolnikow«.

Nun aber ist ein bisher schon störendes Problem nicht mehr zu übersehen. In der Petersburger Fassung liegt zwischen dem Mord und dem Beginn der Erzählung etwa eine Woche. Wie kann der Erzähler schon hier, in so kurzem Abstand zur Tat, in aller Ruhe und Reflexion seine Geschichte niederschreiben, wo er überdies seine Verurteilung noch vor sich hat? Daher kündigt der Autor in den Notizbüchern jetzt die nächste Änderung an, zusammen mit einer Selbstermahnung: »Ein neuer Plan. Die Geschichte eines Verbrechers. Acht Jahre vorher (um es in ausreichendem Abstand zu halten)!« Wieder liegt übrigens der biographische Bezug auf der Hand: Acht Jahre Freiheitsentzug lautete auch das Urteil für Dostojewskij.

Die Diskussion des Autors mit sich selbst zum Problem des zeitlichen Abstands nimmt nun zunehmend größeren Raum in den Arbeitsnotizen ein. Immer wieder sind es eher Fragen und Aufforderungen als Lösungen: »Wenn es ein Geständnis sein soll, dann muß alles bis zum Extrem überdeutlich klar sein.« Das führt aber nur zur nächsten Hausaufgabe: »Zur Überlegung: Wenn ein Geständnis, dann wird es in Teilen nicht keusch sein, und man kann sich nur schwer vorstellen, warum es überhaupt geschrieben wurde.« Die Verwendung des Wortes »keusch« (auch in der Bedeutung »anständig«) ist in diesem Zusammenhang verwunderlich. Aber es bezieht sich eigentlich auf die darauf folgende Frage: Was ist das passende, das überzeugende Motiv des Erzählers für einen derart selbstquälerischen Akt der Enthüllung?

Also ist schon das Motiv der Erzählung fragwürdig, zumindest unklar. Die Selbstentblößung durch den Ich-Erzähler wirft aber für Dostojewskij eine Frage ganz anderer Dimension auf: Wie kann ein Ich-Erzähler überraschende Wendungen darstellen, wo er doch für sich selbst keinerlei Überraschung darstellt? Er kann von plötzlichen Wendungen immer nur nachträglich und abgeklärt berichten, sie als bewältigtes Erlebnis schildern, aber niemals als ein Ereignis vorführen, das mit dramatischer Wucht in diesem Erzähl-Augenblick geschieht.

Dostojewskij löst das Problem mit einem Befreiungsschlag: Er gibt den Ich-Erzähler auf. Die entscheidende Notiz dazu lautet: »Die Geschichte von einem selbst [gemeint ist: dem Autor], nicht von *ihm* [dem Helden der Geschichte].«

Die wichtigste Aufgabe ist es jetzt, die Position des Er-Erzählers zu bestimmen. Dieser traditionell »allwissende Erzähler« kann ja nicht einfach eine Stimme sein, die in gleichem Abstand zu allen Figuren über der Geschichte schwebt. Vielmehr steht er mit dem, was er überhaupt für berichtenswert hält, einer der Figuren immer näher als allen anderen. Aber welcher? Wie mehrere Arbeitsnotizen zeigen, hat Dostojewskij zu dieser Frage eingehende und langwierige Überlegungen angestellt. Schließlich notiert er sich als Erzähler »ein allwissendes und unsichtbares Wesen, das seinen Helden nicht einen Augenblick verläßt«. Der Erzähler wird sich also eng an die Hauptfigur des Romans anschmiegen. Damit erhält sich der Autor weitgehend den Vorteil des Ich-Erzählers, nämlich die intime Selbsterfahrung der Hauptfigur, und gewinnt die Möglichkeiten des Er-Erzählers hinzu, nämlich die objektive Schilderung der äußeren Umstände, die er einerseits mit den nötigen Überraschungseffekten entwickeln, andererseits auch immer wieder in dramatischem Kontrast zur Hauptfigur bringen kann.

Ein weiteres Mal wird also das gesamte Material umgepflügt. Ab jetzt geht die Schreibarbeit zügig voran. Die Zusammenarbeit mit dem RUSSISCHEN BOTEN ist vielversprechend. Nur einmal, wir sind jetzt schon im Jahr 1866, tritt eine Meinungsverschiedenheit auf. Der Lektor Ljubimow hat etwas an dem berühmt-berüchtigten Kapitel auszusetzen, in dem Sofja mit Raskolnikow das Evangelium liest, die Auferstehung des Lazarus. Daß der nicht überführte Mörder und die Prostituierte die Bibel lesen und dabei eine Art innere Läuterung erfahren, war für den vorsichtigen Ljubimow Grund genug, den Vorwurf der Verächtlichmachung der Religion zu befürchten. Das hörte sich für die damaligen Leser fast so an, als hätte Gott Mord und Prostitution zum Zweck der Erlösung in die Welt gesetzt.

Die Auseinandersetzung zeigt uns jedenfalls eine wirksame Selbstzensur, die auch in Zeiten einer beginnenden Liberalisierung nötig war, sobald irgend etwas auch nur von fern nach »Nihilismus« aussah.

»Er will nämlich«, schreibt Dostojewskij einem befreundeten Kritiker, »eines von den vier abgelieferten Kapiteln gar nicht drucken, und Katkow hat diesen seinen Entschluß bestätigt. Ich habe mich mit beiden auseinandergesetzt. Doch sie bestehen auf ihrem Vorhaben! Über das betreffende Kapitel kann ich selbst gar nichts sagen: Ich habe es in echter Begeisterung geschrieben, es kann aber sein, daß es wirklich schlecht ist; es geht ihnen aber gar nicht um den literarischen Wert, sondern sie fürchten für die *Moral*. In dieser Beziehung bin ich im Recht: das Kapitel enthält nichts Unmoralisches, sogar *ganz im Gegenteil*; die sind aber anderer Meinung und sehen außerdem noch Spuren von *Nihilismus* darin. Ljubimow hat mir *endgültig* erklärt, ich müsse das Kapitel umarbeiten. Ich habe es übernommen, und die Umarbeitung dieses großen Kapitels machte mir mindestens ebensoviel Arbeit und Mühe wie drei neue Kapitel.«

Der Erste Teil des fertigen Romans erscheint in der Januar-Nummer 1866 des RUSSISCHEN BOTEN, der zweite Teil im Februar. Die Leser sind begeistert. Sie haben etwas wie einen Kriminalroman in der Hand, aber einen ganz besonderen: Der Mörder ist von Anfang an bekannt, nicht aber der Beweggrund der Tat. Er ist dem Täter seltsam abhanden gekommen.

SCHULD UND SÜHNE ist der Roman eines Menschen auf der Suche nach einem Motiv.

Der Kriminalroman, der keiner ist

Eine schillernde Merkwürdigkeit des Romans tritt uns schon im allerersten Absatz entgegen. Dieser scheint auf den ersten Blick exakt nach dem klassischen Vorbild gebaut, das Paul Valéry mit dem Ausspruch ironisiert haben soll, kein moderner Roman könne heute noch mit dem Satz beginnen: »Die Marquise ging um fünf Uhr aus.« Fast wörtlich so beginnt auch Dostojewskij. Wenn wir aber genauer hinsehen, entdecken wir schon hier in einem winzigen Detail einen der Gründe, weshalb der Roman auf seine zeitgenössischen Leser eine so hypnotische Wirkung ausübte. Der erste Absatz lautet so:

»Anfang Juli, an einem außergewöhnlich heißen Tage, verließ ein junger Mann gegen Abend seine Dachstube, die er in einem Haus der S.schen Querstraße als Untermieter bewohnte, trat auf die Straße hinaus und ging langsam, wie unentschlossen, in der Richtung zur Kukuschkin-Brücke.«

Das Detail, auf das es hier ankommt (und mit dem sich der Roman von allen literarischen Marquisen absetzt), ist der Zusatz »wie unentschlossen«. Das Wesentliche daran ist, daß wir schon hier eine Auskunft über Raskolnikows inneren Zustand erhalten (»unentschlossen«). Aber entscheidender noch ist das hinzugefügte »wie«, das hier die Bedeutung von »als ob« trägt. Das kleine Wort nimmt die Genauigkeit der Beschreibung wieder zurück und stellt Raskolnikow und seinen Seelenzustand unter den Verdacht des vielleicht nur Scheinbaren. Die geplante Ungenauigkeit oder – wie es Fachleute moderner sagen – Unterdefiniertheit der Hauptfigur löst nun im Leser nicht nur Fragen, sondern nach einer Weile auch Antworten aus, mit denen er die Leerstellen der Definition immer wieder versuchsweise ausfüllt.

Wir werden also verführt, uns bereits auf der ersten Seite Gedanken über Raskolnikow zu machen, die weit über den Text hinausgehen: Er scheint irgendwie überbeschäftigt, hektisch, unruhig; aber möglicherweise sieht es ja auch nur so aus – mal sehen, wie die Geschichte weitergeht. Und schon sind wir gefangen.

Die Einführung solcher psychologischen Geheimnisse kann natürlich nur dann gutgehen, wenn alles andere im Roman, speziell der Schauplatz, mit präzisem Realismus beschrieben ist – sonst wird daraus nur die Wirrnis einer Traumerzählung. Beobachten wir also, was dem Mann, von dem wir bereits wissen, daß er nur halbentschlossen etwas noch Unklares vorhat, ein paar Absätze weiter auf der Straße widerfährt:

»Die Hitze auf der Straße war fürchterlich, dazu die schwüle Luft, das Gedränge, überall lagen Kalk, Ziegelsteine, standen Baugerüste, überall war Staub und machte sich jener besondere Sommergestank bemerkbar, der jedem Petersburger wohlbekannt ist, der es sich nicht leisten kann, für die heiße Zeit in ein Landhaus überzusiedeln – dies alles beeindruckte jetzt gleichzeitig und reizte unangenehm die ohnedies angegriffenen Nerven des jungen Mannes. Der unerträgliche Geruch aber aus den Schenken, die in diesem Stadtviertel besonders zahlreich sind, und der Anblick Betrunkener, denen man, trotz des Werktages, alle Augenblicke begegnete, vollendeten noch die widerwärtige und traurige Stimmung des Bildes. Ein Ausdruck des tiefsten Ekels huschte einen Augenblick über die feinen Züge des jungen Mannes.«

Mit wenigen Strichen, stark und sinnlich, ist das »traurige Straßenbild«, eine ganze Stadt, ja, die Gesellschaft gezeichnet, durch die der geheimnisvolle Raskolnikow sich bewegt: angeekelt, unglücklich, anscheinend gehört er selbst gar nicht dazu. Von nun an wird der Erzähler den jungen Mann nicht mehr allein lassen. Manchmal verschmilzt er fast mit der Figur, so daß wir das Geschehen wie ein Kippbild erleben, also abwechselnd realistisch, dann wieder im verwirrten Suchblick Raskolnikows und manchmal – wie in der berühmten Mordszene – sogar beides auf einmal. Mit anderen Worten: Wir sehen die Welt mit den allwissenden Augen des Autors und gleichzeitig aus der Sicht Raskolnikows, wie aus seinem Kopf heraus.

So sind wir mit einem Mal nicht mehr nur Leser, sondern selbst in den Roman eingetreten.

Erster Teil

Man hat die sieben Kapitel des Ersten Teils oft als reinen Prolog angesehen, als bloße Hinführung zur eigentlichen Handlung. Das ist eine ziemlich irreführende Sichtweise. Denn in diesem Abschnitt sind bereits alle Themen wie leitmotivische Akkorde angeschlagen, die den ganzen Roman bis zum Epilog durchziehen.

Im ersten, recht kurzen Kapitel sehen wir den Ex-Jurastudenten Raskolnikow nervös, unruhig angespannt, ein altes Mietshaus betreten, das von verschiedenen Gewerbetreibenden bewohnt wird. An einer Tür im vierten Stock klingelt er und fährt beim Klang der Glocke erschrocken zusammen. Eine alte Frau, die Pfandleiherin, öffnet ihm, er tritt ein, versetzt eine Uhr und sagt ihr, er werde mit anderen Wertsachen wiederkommen. Auf dem Rückweg überfällt ihn schon im Treppenhaus ein existentieller Selbstekel, und wir erleben ihn in einem inneren Monolog mit:

»›O Gott, wie widerlich ist das alles! Und werde ich es denn wirklich, wirklich … nein, das ist ja Unsinn, ein unmöglicher Gedanke!‹ fügte er entschlossen hinzu. ›Wie konnte mir bloß etwas so Entsetzliches in den Sinn kommen! Da sieht man, zu welchem Schmutz mein Herz fähig ist! Vor allem ist es schmutzig, gemein, ekelhaft, ekelhaft! … Und ich … ich habe einen ganzen Monat …‹«

Und mit der ganzen Inkonsequenz, die wir zunehmend an ihm beobachten werden, landet Raskolnikow in einer der eben noch so emphatisch verachteten Kneipen.

Hier, jetzt schon im zweiten Kapitel, spricht ihn höflich (und typisch russisch) ein etwa fünfzigjähriger Betrunkener an, stellt sich mit einem Namen vor, der ebenso klebrig ist wie der vom verschütteten Bier eingenäßte Tisch: Marmeladow, und erzählt redselig seine vollständige Lebensgeschichte. Die älteste Tochter Sofja hat den »gelben Schein«, das heißt den polizeilichen Prostituierten-Ausweis, und ernährt auf diese Weise die Familie, während er sein Beamtengehalt vertrinkt, zum mitleidlosen Kummer seiner Frau Katerina Iwanowna. Er liebt seine Tochter Sofja, und seine Erzählung steigert sich ins Seherische:

»Er, der Einzige, er ist auch der Richter. Er wird an jenem Tage kommen und fragen: Wo ist die Tochter, die sich für die böse und schwindsüchtige Stiefmutter und die fremden kleinen Kinder geopfert hat? Wo ist die Tochter, die mit ihrem irdischen Vater, dem unnützen Trunkenbold, Mitleid hatte, ohne vor seiner Tierheit zu erschrekken? Und er wird sagen: Komm! Ich habe dir schon einmal vergeben ... Habe dir schon einmal vergeben ... vergeben sind dir auch jetzt deine vielfachen Sünden, weil du viel geliebt hast ... Und er wird meiner Sofja vergeben, wird ihr vergeben, ich weiß, daß er ihr vergeben wird ... Das habe ich jetzt, als ich bei ihr war, in meinem Herzen gefühlt! ... Und er wird der Richter sein allen und wird vergeben, wie den Guten so auch den Bösen, wie den Weisen so auch den Einfältigen ... Und wenn er mit allen schon fertig sein wird, dann wird er auch zu uns sprechen: Kommet auch ihr! wird er sagen. Kommt, ihr Betrunkenen, kommt ihr Schwächlinge, kommt ihr Schandkerle! Und wir alle werden vortreten, ohne uns zu schämen, und werden dastehen. Er aber wird sagen: Ihr Schweine! Ihr Ebenbilder des Tieres und vom Tiere Gestempelten, aber kommet auch ihr! Und die Weisen und die Klugen werden ausrufen: Herr! Warum nimmst du denn diese auf? Und er wird sagen: Ich nehme sie auf, ihr Weisen, ich nehme sie auf, ihr Klugen, weil kein einziger von ihnen sich dessen für würdig gehalten hat.«

Hier hören wir fast keine Romanfigur mehr, sondern den Autor selbst und seinen Lobgesang auf das mystische Leiden zur Erlösung, das auf Nietzsche und Nabokov so irritierend wirkte. Und wir ahnen bereits, daß dieser Vortrag vor allem an seinen Zuhörer Raskolnikow gerichtet ist.

Raskolnikow begleitet Marmeladow in dessen verkommene Wohnung und legt der völlig verzweifelten Katerina unbemerkt eine Handvoll Münzen aufs Fensterbrett. Draußen möchte er dann am liebsten wieder umkehren und sich das Geld zurückholen (mit der kühlen Überlegung: »Sie haben ja Sofja, und ich brauche es doch selbst!«), weiß aber, daß er dazu nicht fähig wäre, und geht heim.

Im nächsten Kapitel wacht er nach unruhigem Schlaf auf, in einem elenden Zimmer (in dem später vier gleichzeitige Besucher irgendwie Platz finden müssen). Seit Monaten bleibt er die Miete schuldig, erhält deshalb von der Vermieterin auch kein Mittagessen mehr, sondern fast nur noch – wie einst in Wiesbaden der Autor selbst – Tee, den ihm das Dienstmädchen Nastassja heimlich bringt. Der heruntergekommene Zustand ist jedoch dem Bewohner, der sich »von allen zurückgezogen hat, wie eine Schildkröte in ihre Schalen«, sogar angenehm.

Nun verwendet Dostojewskij ein oft erprobtes Mittel, um die Handlung weiterzutreiben: Raskolnikow erhält einen Brief, und zwar von seiner Mutter. Er küßt den Brief, bevor er ihn öffnet, fürchtet sich aber auch ein wenig davor.

Der Brief ist lang und nicht ohne melodramatische Versatzstücke. Die Mutter, die für ihren studierenden Sohn auch noch finanziell sorgt, erzählt hauptsächlich von seiner Schwester Awdotja, die bei Herrn Swidrigailow als Gesellschafterin arbeitete, vom Hausherrn sexuell belästigt wurde, natürlich vergeblich, wonach man sie, die Unschuldige, mit Schimpf und Schande aus dem Haus jagte. Danach besann sich Swidrigailow jedoch, legte seiner Ehefrau gegenüber ein Geständnis ab, und diese stellt durch zahllose Besuche selbst den guten Ruf Awdotjas wieder her.

Und am wichtigsten: Ein weitläufiger Verwandter von ihr, Pjotr Petrowitsch Luschin, ein ehrenwerter Mann, hat die Absicht, Awdotja zu heiraten, und wenn Luschin nach St. Petersburg kommt, soll Raskolnikow seinem künftigen Schwager bitte freundlich entgegentreten.

Auf geheimnisvolle Weise ist er von der Lektüre des Briefes so verstört, daß es ihn ins Freie treibt.

Kapitel vier bringt die Erklärung dieser Aufgeregtheit: Raskolnikow durchschaut den Heiratsplan als Selbstaufopferung seiner Schwester. Dieser Luschin ist ihm gründlich unsympathisch: Er ist »tüchtig und vernünftig«, ein Mann, der ein eigenes Vermögen besitzt (oder schlimmer, erinnert er sich an den Brief der Mutter: »der ›bereits‹ eigenes Vermögen besitzt«), ganz offensichtlich ein Karrierist, »der ›die Überzeugungen unserer jüngsten Generation teilt‹ (wie Mamachen schreibt) und der wahrscheinlich gut ist, wie Dunetschka selbst sagt. Dieses ›Wahrscheinlich‹ ist das Großartigste dabei! Und dieses ›Wahrscheinlich‹ ist Dunetschka zu heiraten bereit? ... Großartig! Großartig!«

Was kann er tun, um dieses Selbstopfer zu verhindern? Ein Gedanke, der noch vor einem Monat, ja, noch gestern so etwas wie Spielmaterial war, nimmt plötzlich »eine gewisse neue, drohend strenge und ihm völlig unbekannte Gestalt« an. Gleichzeitig fällt ihm etwas wieder ein, was Marmeladow gesagt hat: Es sollte doch immer so sein, daß jeder Mensch irgendwohin gehen könnte, womit gemeint war: zu einem anderen Menschen.

Da bemerkt er auf dem in der Nachmittagshitze menschenleeren Boulevard eine junge Frau und kurz darauf einen Herrn, der ihr offenbar nachstellt. Er mischt sich lautstark ein, er gerät mit dem Herrn fast in eine Prügelei, ein Polizist erscheint, Raskolnikow bietet der Frau Geld für eine Droschke, was sie aber – womöglich leicht betrunken – ablehnt, er hat danach aber wieder einen dieser unschlüssigen Augenblicke und sagt zu dem Polizisten:

»›Lassen Sie es doch lieber! Was geht es Sie an? Lassen Sie es. Möge er sich amüsieren!‹ (Er zeigte auf den Stutzer.) ›Was geht es uns an!‹«

Und dann fällt ihm ein, daß er ja eigentlich zu seinem Studienkollegen Rasumichin wollte. Rasumichin wird uns als ungemein lustig und mitteilsam geschildert, »gütig bis zur Einfalt«, »unter dieser Einfalt verbargen sich jedoch sowohl Tiefe als auch Würde«.

Kaum ist ihm der Besuch wieder eingefallen, da verschiebt er (Kapitel fünf) ihn auch schon bis nach der immer noch geheimnisvollen »Sache« – von der er im nächsten Augenblick überhaupt nicht weiß, ob sie überhaupt geschehen wird. Er ißt ein wenig, trinkt ein Glas Schnaps, stolpert abseits des Parkwegs beschwipst in ein Gebüsch, ist im nächsten Augenblick eingeschlafen.

Und träumt den unvergeßlichsten Alptraum der Weltliteratur. Er ist wieder in seiner Kindheit. An der Schenke steht ein schwerer Pferdewagen, vor den jetzt aber nur eine alte »Schindmähre« gespannt ist. Mikolka, »ein noch junger Bursche mit dickem Hals und fleischigem dunkelroten Gesicht«, will seine Freunde spazierenfahren: Sie sollen alle aufsteigen. Mit diesem alten Pferd? »Keine Angst, Brüder«, sagt er, »nehmt jeder eine Peitsche, und drauflos!« Aber das Pferd ist zu schwach.

Ein Erwachsener ruft dazwischen, Mikolka quäle es doch nur. »Schweigt«, schreit er zurück, »es ist mein Eigentum. Ich kann damit tun, was ich will.« Das Martyrium nimmt seinen rasenden Lauf:

»›Schlagt sie auf das Maul, peitscht sie über die Augen, über die Augen!‹ schreit Mikolka.

›Brüder, wir wollen ein Lied singen!‹ ruft jemand vom Wagen, und alle darinnen folgen sogleich der Aufforderung. Ein ausgelassenes Lied erschallt, ein Tamburin rasselt, der Kehrreim wird gepfiffen. Das Weibchen knackt Nüsse und lacht dazu … Er aber läuft zum Pferdchen, er eilt nach vorne, er sieht, wie man es über die Augen schlägt, gerade über die Augen! Er weint. Sein Herz krampft sich zusammen, Tränen fließen. Einer von den Peitschenden trifft auch ihn ins Gesicht; er fühlt es nicht.«

Mikolka wird wütend, weil das Pferd in seiner Hilflosigkeit jetzt auch noch ausschlägt. Er holt eine Deichsel und schlägt sie dem Tier auf den Rücken. Aber ein Pferd ist nicht so leicht zu töten.

»›Ist es nicht besser, es mit einem Beil totzuschlagen? Macht doch schneller ein Ende!‹ ruft ein anderer.

›Zum Teufel mit dir! Geht alle aus dem Wege!‹ brüllt Mikolka, wirft die Deichsel fort, bückt sich von neuem und holt eine Eisenstange hervor. ›Nehmt euch in acht!‹ ruft er und läßt sie mit voller Kraft auf das arme Pferdchen niedersausen. Dieser Schlag kracht; das Pferdchen taumelt, krümmt sich und will wieder anziehen, aber die Eisenstange saust wieder auf seinen Rücken herab, und es stürzt zu Boden, als wären ihm mit einemmal alle vier Beine abgeschlagen. [...]

Einige Burschen, ebenso rot im Gesicht wie er und betrunken, ergreifen, was ihnen in die Hände kommt – mit Peitschen, Stöcken, der Deichselstange laufen sie zu dem verendenden Stutchen. Mikolka stellt sich auf der einen Seite hin und fängt an, sinnlos mit der Eisenstange auf den Rücken zu schlagen. Die Mähre streckt den Kopf vor, holt schwer Atmen und verendet.«

Der kleine Junge im Traum »ist außer sich. Mit einem Schrei durchbricht er die Menge, läuft auf das Pferdchen zu, umarmt den blutüberströmten toten Kopf und küßt ihn, küßt die Augen, die Lefzen ... dann springt er auf und stürzt sich mit voller Wucht mit seinen kleinen Fäustchen auf Mikolka. In diesem Augenblick ergreift ihn der Vater, der ihm nachgelaufen ist, und trägt ihn fort.«

Nach diesem Traum fühlt sich Raskolnikow wie befreit von einer inneren Last, von einem »Geschwür an seinem

Herzen«. Er ist sogar zu einem Stoßgebet fähig, auch wenn es eher ein Geschäftsangebot ist (»Zeig mir meinen Weg, und ich sage mich los von dieser meiner ... verfluchten Idee!«). Dann aber führt ihn der scheinbar zufällige Weg zu den Trödelbuden des Heumarkts, und hier belauscht er das Gespräch eines Händlers mit Lisaweta, der Schwester der Pfandleiherin: Die beiden verabreden gerade einen Warenverkauf für den nächsten Abend um sieben Uhr. Raskolnikow wird klar, daß die Alte um diese Zeit demnach allein zu Hause sein muß. Eine so günstige Gelegenheit, sagt er sich, kommt nicht wieder. Bei dem Gedanken ist er wie verwandelt: »Er ging wie ein zu Tode Verurteilter.«

Jetzt legt der Autor ein Ritardando ein, einen kurzen Rückblick. Das nächste Kapitel spielt anderthalb Monate vorher. Damals hat Raskolnikow in einer Wirtschaft ein recht abfälliges Gespräch zweier Billardspieler über die Pfandleiherin mitgehört. Einer von ihnen nennt sie »ein dummes, bedeutungsloses, minderwertiges, böses, krankes altes Weib, das kein Mensch braucht«, und fährt dann aufgeregt fort:

»Andererseits gibt es viele junge, frische Kräfte, die unnütz zugrunde gehen, ohne Hilfe, und das zu Tausenden und allerorten! Hundert, tausend gute Taten und Hilfeleistungen könnte man für das Geld der Alten tun, das einem Kloster zufallen soll. Hundert, vielleicht tausend Existenzen könnten damit auf den richtigen Weg gebracht werden; Dutzende von Familien könnten vor Bettelarmut, Verfall, Untergang, Lastern und venerischen Hospitälern bewahrt werden – und all das für ihr Geld. Schlag sie tot und nimm ihr Geld, um dich später mit seiner Hilfe der ganzen Menschheit und der gemeinnützigen Sache zu widmen: Was meinst du, wird nicht ein einziges unbedeutendes, winziges Verbrechen durch tausend guter Taten wettgemacht? Für ein Leben – Tausende von Leben, gerettet vor Fäulnis und Verfall. Ein einziger Tod und Hunderte von Leben an seiner Statt, das ist doch ein einfaches Rechenexempel! Ja, und was bedeutet auf der allgemeinen Waage das Leben dieser schwindsüchtigen, dummen und bösen Alten? Nicht mehr als das Leben einer Laus, einer Schabe, ja nicht einmal soviel, weil die Alte schädlich ist.«

Das war zwar nur »eines von den gewöhnlichsten Gesprächen mit Gedanken, die er mehr als einmal unter jungen Leuten gehört hatte«. Aber es beschäftigte ihn noch wochenlang nach, »als wäre hier ein Fingerzeig im Spiel gewesen«. Am nächsten Tag – jetzt geht alles sehr schnell – näht er eine Schlinge in die linke Achselhöhle seines Mantels, beschwert ein Holzbrettchen mit einem Eisenblech, wickelt das Ganze mehrmals in Papier und verknotet das Päckchen umständlich, steckt es ein, dann holt er das Beil aus der Küche, steckt es in die Schlinge und macht sich auf den Weg.

Schon seit langem weiß er, worauf es ankommt, nämlich »daß sein Verstand und sein Wille während der ganzen Zeit der Ausführung des Vorhabens völlig intakt« bleiben müssen. Nur ein Verbrecher wird im Augenblick des Handelns leichtsinnig, und Raskolnikows Unternehmen ist ja gerade kein Verbrechen.

Dann geht er, vorbei an einer Wohnung, die gerade renoviert wird, hinauf zur Wohnung der Alten. Sie öffnet ihm nicht sofort, sondern lauscht mißtrauisch hinter der Tür. »Er machte absichtlich eine Bewegung und murmelte laut etwas vor sich hin, um zu zeigen, daß er sich nicht verstecke. Dann schellte er zum dritten Male, aber leise, mit Anstand und ohne Ungeduld.« Daraufhin wird innen der Haken abgenommen, die Tür öffnet sich.

Die Pfandleiherin läßt ihn herein, er gibt ihr das verschnürte Päckchen, und während sie es umständlich aufknotet, schlägt er von hinten zu:

»Er riß das Beil hervor, hob es, kaum daß er sich dessen bewußt war, mit beiden Händen empor und ließ es fast ohne Anstrengung, fast mechanisch mit der Rückseite auf den Kopf der Alten niederfallen. Er hatte, wie es schien, dabei keine Kraft angewandt. Aber kaum hatte er das Beil zum ersten Male fallen lassen, da stellte sich auch die Kraft wieder ein.

Die Alte war wie immer barhäuptig. Ihre hellen, leicht ergrauten dünnen Haare, wie gewöhnlich fett geölt, waren in rattenschwanzartige kleine Flechten geflochten und wurden von einem Rest eines abgebrochenen Hornkämmchens, das auf ihrem Hinterkopf häßlich abstand, zusammengehalten. Der Schlag hatte sie bei ihrer Kleinheit direkt auf den Scheitel getroffen. Sie schrie auf, aber sehr leise, ihre beiden Hände gegen den Kopf erhebend. In der einen Hand hielt sie immer noch das »Versatzstück« fest. Da schlug er mit aller Kraft ein zweites und drittes Mal zu, immer mit der breiten Rückseite des Beiles und immer auf den Scheitel. Das Blut strömte hervor wie aus einem zersprungenen Glas, und der Körper fiel zu Boden mit dem Gesicht nach oben. Er trat einen Schritt zurück, ließ den Körper liegen und beugte sich über ihr Gesicht; sie war schon tot. Die Augen waren weit aufgerissen, als ob sie herausspringen wollten, und die Stirn und das ganze Gesicht waren verzogen und krampfhaft verzerrt.«

Er nimmt ihr, nachdem er in »einer Arbeit von zwei Minuten« eine Schnur um den Hals durchtrennt hat, einen Brustbeutel ab und steckt ein paar hastig zusammengesuchte Futterale mit Wertgegenständen ein. Plötzlich hört er aus dem Nebenzimmer Geräusche: Lisaweta, die er eigentlich auf dem Heumarkt vermutete, steht vor ihm: Raskolnikow erschlägt auch sie. Danach wäscht er das Blut von den Händen und dem Beil, geht ins Vorzimmer und erstarrt: Er hat die Tür, die die Alte hinter ihm nicht geschlossen hatte, die ganze Zeit offengelassen.

Er macht die Tür zu und legt den Haken vor, als ihm einfällt, daß er vielleicht besser fliehen sollte. Da aber hört er plötzlich zwei Besucher draußen vor der Tür. Er steht abwartend da, ohne sich zu bewegen – so ängstlich, wie vorher an derselben Stelle die Alte. Die Besucher klingeln und klopfen. Beim Rütteln an der Tür bemerken sie, daß innen der Haken vorgelegt ist, einer von ihnen holt den Hausmeister, während der andere vor der Tür stehenbleiben soll. Der Zurückgelassene jedoch läuft nach einer Weile ungeduldig hinunter. Raskolnikow schlüpft hinaus, hört von unten lauten, übermütigen Lärm, dann kommen zwei Männer die Treppe herauf, er kann sich gerade noch in der leeren Wohnung in der zweiten Etage verstecken, läßt die Leute in den vierten Stock weitergehen und kann ungesehen entkommen. Halb bewußtlos erreicht er sein Zimmer, wirft sich in allen Kleidern aufs Bett und fällt in einen unruhigen Halbschlaf.

Halten wir hier, am Ende des Ersten Teils, einen Augenblick inne (als Leser von 1866 hätten wir hier ohnehin einen Monat lang auf die Fortsetzung warten müssen – falls die nächste Nummer des RUSSISCHEN BOTEN pünktlich erschien und nicht, wie es immer wieder vorkam, erst ein, zwei Monate später).

Was wissen wir an dieser Stelle von Raskolnikows Motiv?

Bei Licht besehen haben wir zwei Motive in der Hand, aber ganz bestimmt nicht die sogenannten niederen Beweggründe. Von Anfang an ist klar, daß Raskolnikow nicht töten wird, um sich einfach persönlich zu bereichern.

Ganz im Gegenteil: Er hat, wie viele altruistische Jugendliche seiner unruhigen Epoche, bei seiner Tat das Gemeinwohl im Sinn. Ähnlich argumentierten ja schon die beiden Billardspieler: Nach der Lehre des sogenannten Utilitarismus, die damals in Rußland rebellisch diskutiert wurde, rechtfertigt sich eine Handlung nur durch ihren Nutzen für das Gemeinwohl. Wenn mit dem Geld der »nutzlosen« Alten »Hunderte von Leben« gerettet werden können, ist die Tat in so ideologischer Abwägung »kein Verbrechen«. Und das Elend von St. Petersburg wird uns derart überwältigend vor Augen geführt, daß wir fast etwas wie Verständnis für den Mörder aufbringen.

Dann schiebt sich ein zweites Motiv dazwischen: der Brief der Mutter. Raskolnikow erkennt, daß seine Schwester den Geschäftsmann Luschin nur heiraten will, um die Familie finanziell unterstützen zu können. Raskolnikow befindet sich also fast auf dem Niveau von Marmeladow, der von der Prostitution seiner Tochter lebt. Das ist natürlich inakzeptabel.

Und beide Motive werden nun von ganz anderen Regungen angegriffen, in Frage gestellt und fast zurückgedrängt. Die »Gesellschaft«, für die Raskolnikow ja doch – und sei es als Mörder – tätig werden will, kommt ihm selbst ausgesprochen widerlich vor; es ist ein metaphysischer Ekel, der ihn immer von neuem packt. Der einzelne, vor ihm stehende, selbst ganz unbekannte Mitmensch jedoch löst in ihm ebenso oft wahres Mitleid aus: die sexuell belästigte Frau auf dem Boulevard oder die Zufallsbekanntschaft Marmeladow. Aber jedesmal überwältigt ein plötzlicher Egoismus die nur momentan mitleidige Regung. Verlaß ist offenbar nur auf den kindlichen Raskolnikow und seine tiefe Liebe zur Kreatur, die er uns in dem Traum von dem Pferd zu erkennen gibt (auch wenn diese Liebe im Erwachsenenleben ideologisch verschüttet wird). Um also den Mord begehen zu können, muß er sowohl seinen arroganten Ekel an der Gesellschaft wie auch die liebenden Anteile in seiner Persönlichkeit zurückdrängen, um rein »utilitaristisch« und schuldlos zu bleiben.

Und was weiß Raskolnikow selbst von seinen widerstreitenden Motiven?

Herzlich wenig. Schlimmer noch: Er beherrscht seine Antriebe nicht, er ist geradezu ihr Opfer. Er schwankt (erinnern wir uns an den ersten Satz: »wie unentschlossen«) dauernd zwischen seinen Motiven, läßt mal das eine gelten, im nächsten Augenblick das Gegenteil – je nach den Eindrücken des Augenblicks. Unklar ist ihm zudem, ob er so nervös und ruhelos ist, weil er diese Unentschlossenheit seines Charakters erkennt, oder ob er, umgekehrt, wegen einer nur körperlichen Schwäche sich derart unentschieden verhält; verkürzt gesagt: ob es sich um ein moralisches oder ein physiologisches Problem handelt (letzteres scheint Raskolnikow manchmal zu glauben, wenn er beispielsweise annimmt, daß sein unguter Zustand einfach mit einem ordentlichen Glas Bier zu beheben sei). Es fällt ihm noch nicht einmal im Rückblick auf, wie gedankenlos und unvorsichtig er gehandelt hat (etwa durch das Offenlassen der Wohnungstür) – ein Versagen, das er bei einem ordinären Verbrecher für möglich hielt, nicht aber bei sich selbst.

Wir, die Leser, kennen also bereits jetzt Raskolnikow besser als er sich selbst. Und spätestens ab hier ist SCHULD UND SÜHNE kein Kriminalroman mehr, sondern die Antwort auf die Leserfrage: Wird es Raskolnikow gelingen, seine wahre Natur zu finden? Die Spannung bleibt bestehen, nur entwickelt sie sich nicht aus der Fahndung nach einem Täter, sondern aus der erheblich bedeutsameren Frage: Wie kann ein Menschenleben gelingen?

Zweiter Teil

Als Raskolnikow erwacht, fällt ihm unter plötzlichen Fieberschauern alles schlagartig wieder ein. Hektisch untersucht er seine Kleider auf Blutspuren, versteckt die Beute hinter der Tapete in einem Loch in der Wand, schläft dann aber ein, wacht erschreckt auf, reißt die Beilschlinge aus dem Mantel, entdeckt in seiner linken Hosentasche Blut und reißt auch das Taschenfutter heraus.

Dann untersucht er seine Strümpfe, die mit der Fußspitze aus den abgetragenen Stiefeln herausschauen – auch hier Blut. Was tun? Verbrennen? Er hat nicht einmal Zündhölzer. Da wirft ihn der nächste Schüttelfrost aufs Bett zurück.

In diesem Augenblick bringt ihm Nastassja eine schriftliche Vorladung zur Polizei.

Schreckensbleich macht er sich auf den Weg. Auf dem Polizeirevier läßt man ihn warten, und erst nach einer Weile stellt sich heraus, es handelt sich um eine Geldforderung an ihn. Raskolnikow »erbebte vor Freude. Es wurde ihm urplötzlich unendlich, unbeschreiblich leicht. Alles war von seinen Schultern geglitten.«

Man diktiert ihm eine Zahlungsverpflichtung, er kann jedoch aus plötzlicher Schwäche nicht selbst schreiben:

»Und woher kam dieser Umschwung? Wenn in dem Zimmer jetzt nicht Revierinspektoren, sondern seine besten Freunde gewesen wären, hätte er doch kein einziges menschliches Wort für sie gefunden, so leer war plötzlich sein Herz. Das düstere Empfinden einer qualvollen, unendlichen Einsamkeit und Entfremdung teilte sich plötzlich bewußt seiner Seele mit.«

In einem Gespräch der Polizisten untereinander hört er, daß man zwei Handwerker aus dem Haus der Pfandleiherin verhaftet hat. Halbkrank und mit übermäßiger Anstrengung schafft Raskolnikow den Heimweg, zusätzlich gequält von der Befürchtung, man habe ihn schon im Verdacht und werde bei ihm eine Hausdurchsuchung abhalten.

Im zweiten Kapitel holt Raskolnikow die geraubten Wertsachen aus dem Wandversteck; er wird sie sofort in die Newa werfen. Unterwegs besinnt er sich jedoch anders und versteckt alles hinter einer Mauer unter einem großen, unbehauenen Stein. Auf dem Rückweg beunruhigt ihn plötzlich etwas ganz anderes, während er noch an die Polizisten zurückdenkt:

»Mit einem Male blieb er stehen; eine neue, völlig unerwartete und außerordentlich einfache Frage brachte ihn von diesem Gedanken ab und ließ ihn bitter erstaunen:

›Wenn diese ganze Tat wirklich bewußt und nicht vollkommen blödsinnig vollführt worden ist, wenn du tatsächlich ein bestimmtes und festes Ziel hattest, wie kommt es dann, daß du bis jetzt noch nicht einmal in den Beutel hineingeblickt hast und nicht einmal weißt, wofür du alle Qualen auf dich genommen und solch eine gemeine, häßliche, niedrige Tat bewußt unternommen hast?‹«

In so selbstquälerischer Verfassung besucht er seinen Freund Rasumichin, will dann aber sofort wieder gehen:

»›Weshalb bist du denn gekommen, zum Teufel noch eins! Bist du verrückt? Das ist doch … fast beleidigend. Ich lasse dich nicht so fortgehen.‹

›So höre denn: Ich bin zu dir gekommen, weil ich niemanden außer dir kenne, der mir helfen würde ... anzufangen ... weil du besser, das heißt, klüger als alle anderen bist und beurteilen kannst ... Jetzt aber sehe ich, daß ich nichts brauche, hörst du, nichts brauche ... keinen Dienst und keine Teilnahme ... Ich kann selbst ... allein ... Ach, genug davon! Laßt mich alle in Ruhe!‹«

Er läuft wie unsinnig aus dem Haus.

»Auf der Nikolaibrücke passierte es ihm, daß er infolge eines für ihn sehr unangenehmen Zwischenfalles wieder zu voller Besinnung kam. Der Kutscher einer Privatequipage hatte ihm einen starken Peitschenhieb über den Rücken versetzt, weil er beinahe unter die Pferde geraten war, obwohl jener ihn einige Male angerufen hatte. Der Peitschenhieb rief einen solchen Jähzorn in ihm hervor, daß er, der vom Schlage bis ans Geländer taumelte (es war unklar, warum er in der Mitte der Brücke, auf dem Fahrweg, ging), mit den Zähnen knirschte vor Wut. Ringsum wurde natürlich gelacht.«

Schon in der nächsten Sekunde jedoch steckt ihm eine Frau, die ihn in seinem abgerissenen Zustand für einen Bettler hält, zwanzig Kopeken zu: »Nimm, mein Lieber, um Christi willen!«

Am Fluß, im Anblick des leuchtenden Winterpalais und der goldenen Kathedrale weht ihn eine plötzliche Kälte an:

»Wie in bodenloser Tiefe, wie tief, tief unter seinen Füßen erschien ihm jetzt seine ganze Vergangenheit, erschienen ihm sein früheres Denken, die alten Ziele und Probleme, die damaligen Eindrücke und dieses ganze Panorama, und er selbst und alles ... Ihm schien, als fliege er irgendwohin, und alles Frühere verschwinde aus seinen Augen ... Als er dabei eine unwillkürliche Bewegung mit der Hand machte, fühlte er in seiner geballten Faust wieder das Zwanzigkopekenstück. Er öffnete die Hand, blickte aufmerksam das Geldstück an und schleuderte es ins Wasser.«

In seinem Zimmer, nachdem ihm Nastassja noch ein Glas Wasser gebracht hat, sinkt er bewußtlos ins Bett.

Drei Tage lang, erfahren wir zu Beginn des eher kurzen nächsten Kapitels, hat Raskolnikow im Halbschlaf gefiebert. Nastassja, Rasumichin und ein Geldbote mit einer Überweisung der Mutter drängen sich in der engen »Schiffskajüte«, unter der Tür steht die Vermieterin. Rasumichin versucht, den Kranken mit Scherzreden aufzumuntern, aber Raskolnikow wird nur ängstlich und mißmutig dabei. Alleingelassen fragt er sich, ob nicht all diese Menschen und die Polizei ihn längst verdächtigen. Dann kommt Rasumichin zurück: Er hat Raskolnikow neue Hosen gekauft und zwingt ihn freundschaftlich, sich umzuziehen.

Dann zwängt sich auch noch der Arzt Sosimow ins Zimmerchen.

Nach einer kurzen Untersuchung Raskolnikows berichtet der Arzt, daß im Zusammenhang mit dem Mord an der Pfandleiherin der Anstreicher Nikolai als Mordverdächtiger verhaftet wurde. Das Indiz, das gegen ihn spricht, ist ein Kästchen mit Ohrringen, das er hinter der Tür der renovierten Wohnung im zweiten Stock gefunden hat. Während Raskolnikow vor Aufregung und Schwäche wieder einschläft, rekonstruiert Rasumichin den Fall – zutreffend, aber ohne es zu wissen:

Nikolai sei unschuldig, der wahre Mörder habe sich in der Wohnung versteckt, »er stand dort hinter der Tür, als der Hausmeister und die anderen beiden nach oben gingen, wartete, bis die Schritte verhallten, und ging dann in aller Seelenruhe hinunter, eben in dem Moment, als Dmitri und Nikolai auf die Straße gerannt waren, alles fort und niemand im Torweg war. Vielleicht hat man ihn auch gesehen, aber nicht beachtet; es gehen ja nicht wenige Menschen dort aus und ein. Und das Kästchen ist dem Mörder aus der Tasche gefallen, als er im zweiten Stock hinter der Tür stand, und er hat es nicht gemerkt, denn er hatte an anderes zu denken.«

Dem Arzt kommen all diese Details zu harmonisch vor, zu glücklich miteinander verflochten, »wie in einem Theaterstück«.

Im fünften Kapitel tritt nun Pjotr Petrowitsch Luschin auf, der Verlobte von Raskolnikows Schwester, tadellos, ja, kostbar gekleidet, die Hände in lilafarbenen Handschuhen. Von der ersten Sekunde an ist er dem Leser unsympathisch: Wo sich alle andern einfach in der Enge irgendeine Sitzfläche suchen, beginnt Luschins Auftritt damit, »daß er an der Tür stehenblieb und sich mit beleidigend unverhohlenem Erstaunen umblickte, als ob er fragen wollte: ›Wohin bin ich geraten?‹ ... Dann bewegte er die Hand langsam zur Westentasche, zog eine große, dicke goldene Uhr hervor, öffnete den Deckel, sah nach und steckte sie ebenso langsam und träge wieder ein.«

Im Gegensatz zu dem gutgelaunten Rasumichin und der freundlichen Nastassja pflegt Luschin eine außerordentlich affektierte Geschwätzigkeit, etwa wenn er von den Fortschritten der Wirtschaftswissenschaft redet:

»›Wenn man mir zum Beispiel bis jetzt sagte: Liebe deinen Nächsten, und ich tat es – was kam dabei heraus?‹ fuhr Pjotr Petrowitsch vielleicht etwas zu voreilig fort. ›Es kam das heraus, daß ich meinen Rock in zwei Hälften zerriß, ihn mit dem Nächsten teilte, und wir blieben beide halbnackt, wie nach dem russischen Sprichwort: Wer mehreren Hasen zugleich nachjagt, fängt keinen einzigen. Die Wissenschaft aber sagt: Liebe vor allem zuerst dich selbst, denn alles in der Welt ist auf persönlichem Interesse aufgebaut. Wenn man sich liebt, wird man vor allem seine eigenen Angelegenheiten, wie es sich gehört, in Ordnung bringen, und der Rock bleibt einem ganz und heil. Die Erkenntnisse der wirtschaftlichen Gesetze fügen noch hinzu, daß, je mehr es in der Gesellschaft geordnete Privatverhältnisse und sozusagen ganze und heile Röcke gibt, um so mehr solide Grundlagen dann vorhanden sein werden, wodurch das Allgemeinwohl um so mehr gefördert wird. Also, indem ich einzig und ausschließlich für mich allein erwerbe, erwerbe ich dadurch auch für alle und trage dazu bei, daß mein Nächster etwas mehr als einen halben Rock erhält, und nicht bloß als Wohltat von einzelnen Privatpersonen, sondern infolge des allgemeinen Fortschritts.‹«

Als die Freunde sich von ihm abwenden und ihr voriges Gespräch über den Mord wieder aufnehmen, mischt sich Luschin erneut ein: Er vermißt in solchen Verbrechen »die Moral«, gewisse »Grundsätze«. Da fährt ihm Raskolnikow wütend dazwischen und läßt den – nur scheinbar richtungslosen – Wortwechsel absichtlich beschämend werden:

»›Ja, was wollen Sie denn?‹ mischte sich Raskolnikow plötzlich ins Gespräch. ›Das entspricht doch vollkommen Ihrer Theorie!‹

›Wieso meiner Theorie?‹

›Ziehen Sie doch die Konsequenzen dessen, was Sie vorhin predigten, und es ergibt sich, daß man Menschen umbringen darf …‹

›Aber ich bitte!‹ rief Luschin aus.

›Nein, so ist das nicht!‹ bemerkte Sosimow.

Raskolnikow lag bleich da, mit zuckenden Lippen, und atmete schwer.

›Alles hat seine Grenzen‹, fuhr Luschin hochmütig fort, ›eine ökonomische Idee ist noch keine Aufforderung zum Mord, und wenn man nur annimmt …‹

›Ist es denn nicht wahr, daß Sie‹, unterbrach ihn von neuem Raskolnikow mit vor Wut bebender Stimme, aus der man die Freude am Beleidigen heraushörte, ›ist es wahr, daß Sie Ihrer Braut gesagt haben … in derselben Stunde, als Sie ihr Jawort erhielten, Sie freuten sich am meisten darüber … daß sie bettelarm sei … weil es vorteilhafter sei, eine bettelarme Frau zu heiraten, um später über sie herrschen … und ihr vorhalten zu können, daß Sie ihr Wohltäter seien? …‹

›Mein Herr!‹ rief Luschin böse und gereizt aus, wurde aber puterrot und konfus.«

Luschin verläßt erbost das Zimmer, und Raskolnikow, kaum hat er sich seiner Besucher entledigt, zieht sich zu einem Spaziergang an (am Beginn des sechsten Kapitels). Er hat einen neuen Entschluß gefaßt: Er will »so nicht weiterleben«, er will »all das heute noch, mit einem Schlag, sofort beenden«. Er sucht den Heumarkt auf, dann die ebenso belebte Bordellgasse. Eine Prostituierte spricht ihn an und bittet ihn um ein Geschenk von sechs Kopeken; er gibt ihr, was er in seiner Tasche findet: fünfzehn. In einem großen Café, dem Kristallpalast, trifft er auf Sametow, einen Polizisten vom Revier. Nachdem Raskolnikow dem Beamten in einem vor kurzem aufgeklärten Betrugsfall geschildert hat, wie er sich als Krimineller verhalten hätte, bietet er Sametow auch noch seine persönliche Strategie im Fall der Pfandleiherin an. Das eben noch hypothetische

Gespräch wird zum halsbrecherischen Spiel mit der Wahrheit:

»›Ja, sehr gern‹, antwortete jener fest und ernst. Seine Stimme und sein Blick waren auf einmal fast zu ernst geworden.

›Sehr gern?‹

›Sehr gern.‹

›Gut. Ich hätte folgendermaßen gehandelt‹, begann Raskolnikow, indem er plötzlich sein Gesicht wieder dem Sametows näherte, ihn unverwandt anblickte und wieder im Flüsterton sprach, so daß jener diesmal sogar zusammenzuckte. ›Ich hätte folgendermaßen gehandelt: Ich hätte das Geld und die Sachen an mich genommen, und kaum entkommen, wäre ich sofort und ohne Aufenthalt zu einem abgelegenen Platz gegangen, wo es nur Zäune gibt und wo es fast menschenleer ist – zu einem Gemüsegarten oder etwas Ähnlichem. Ich hätte mir dort auf diesem Hof schon früher irgendeinen Stein, ungefähr im Gewicht von zwanzig Kilo oder mehr ausgesucht, irgendwo in einer Ecke am Zaun, einen Stein also, der, seitdem das Haus gebaut ist, dort liegt; ich hätte diesen Stein aufgehoben – unter ihm muß es eine Vertiefung geben –, und in diese Vertiefung hätte ich alle Sachen und das Geld hineingelegt.‹«

Raskolnikow treibt das Spiel auf die Spitze, indem er Sametow gegenüber sogar ein gespieltes Mordgeständnis ablegt. Im Hinausgehen trifft er auf Rasumichin und verbittet sich, noch zitternd vor Erregung und wütend, alle weiteren Freundlichkeiten und Wohltaten von ihm.

Es zieht ihn an die Ufer der Newa. An der N.schen Brücke, nachdem er lange und nachdenklich ins Wasser geblickt hat, beobachtet er den Selbstmordversuch einer jungen Frau. Sie wird schließlich gerettet. Erschöpft und apathisch beschließt Raskolnikow, zur Polizei zu gehen und sich zu stellen.

Aber dann steht er, ohne zu wissen wie, vor dem Haus der Pfandleiherin. Er geht in den vierten Stock hinauf: Zwei Maler streichen die leergeräumte Wohnung neu. Er erkundigt sich bei den verwunderten Handwerkern, ob noch Blut auf dem Boden ist. Da kommt der Hausmeister und wirft ihn hinaus.

Gerade als Raskolnikow sich fragt, ob er nun nicht doch noch zur Polizei gehen sollte, bemerkt er am Ende der Straße in der Dunkelheit eine aufgeregte Menschenmenge.

In ihrer Mitte entdeckt er (siebtes Kapitel) seine Kneipenbekanntschaft Marmeladow, der nach einem Unfall mit einer Pferdekutsche schwer verletzt auf der Straße liegt. Er schafft den Bewußtlosen nach Haus, beruhigt die hochgradig aufgeregte Frau Katerina und läßt einen Arzt holen. Auch die Tochter Sofja wird herbeigeholt, und ihr Auftritt in der allgemeinen Verwirrung der überfüllten Stube – die erste Begegnung mit Raskolnikow – ist von besonderer Bizarrerie:

»Durch die Menge drängte sich leise und schüchtern ein junges Mädchen. Ihre Erscheinung in diesem Zimmer, mitten in dieser Armut und Verzweiflung war grotesk. Ihre Kleidung war von billigster Sorte, aber für die Straße aufgeputzt und hergerichtet nach dem Geschmack und den Regeln, die sich in ihrer besonderen Welt zu einem bestimmten Zweck eingebürgert haben, und diesen Zweck in peinlich aufdringlicher Weise unterstreichend. Sofja blieb auf dem Flur vor der Schwelle stehen, trat nicht ins Zimmer und blickte nur wie verloren vor sich hin; sie schien noch ganz benommen zu sein, schien vergessen zu haben, daß sie ein seidenes, farbiges, aus vierter Hand gekauftes Kleid anhatte, mit einer langen und lächerlichen Krinoline, die die ganze Tür ausfüllte, auch daß sie helle Stiefel und einen Sonnenschirm trug, den sie doch in der Nacht nicht brauchte, und einen lächerlichen runden Strohhut mit einer grellroten Feder.«

In Sofjas Armen stirbt Marmeladow. Raskolnikow gibt der verzweifelten Witwe Geld für das Begräbnis und läuft hinaus. Auf der Straße holt ihn die kleine Polenka ein und fragt ihn im Auftrag ihrer Schwester Sofja nach seinem Namen. Er nennt ihn ihr: »Ich heiße Rodion; bete manchmal auch für mich, füge nur hinzu: und seinen Knecht Rodion, weiter nichts.« Die Kleine umarmt ihn.

Nach diesem unerwarteten »Stück Leben« faßt er einen neuen Entschluß zu einer wild entschlossenen Selbstbehauptung: »Jetzt beginnt die Herrschaft der Vernunft und des Lichtes ... des Willens und der Kraft ... Und nun wollen wir es einmal sehen!« Er geht zu seinem Freund Rasumichin und erfährt hier, daß ihn der Polizist Porfiri kennenlernen möchte. Rasumichin bringt Raskolnikow nach Hause, wo dessen Mutter und die Schwester Awdotja schon auf ihn warten. Raskolnikow bleibt unter ihren Umarmungen wie leblos stehen, schwankend, und bricht ohnmächtig zusammen.

In diesem Zweiten Teil beginnt die Suche Raskolnikows nach seinem Motiv. Es wird immer unklarer, warum er den Mord eigentlich begangen hat. Aus Geldgier? Aber warum gibt er dann den Marmeladows zweimal seine letzten Rubel? Und warum hat er nicht ein einziges Mal seine Beute genauer untersucht? Hat er die Tat, fragt er sich auf dem Polizeirevier, überhaupt so bewußt und überlegt ausgeführt, wie er es sich vorgenommen hat? Wie konnte ihm dann im Versteck hinter der Tür das Kästchen aus der Tasche fallen (ein Verlust, von dem er erst durch Rasumichin erfährt)? Der Mord ist nicht gerade eine Erfolgsgeschichte.

Raskolnikow fühlt sich zunehmend vereinsamt. Trotzdem weist er mit unhöflicher Entschiedenheit Luschin zurück, der die menschliche Selbstsucht nun auch noch wirtschaftstheoretisch legitimiert. Er läuft ins Freie, auf der verzweifelten Suche nach Kontakt mit Menschen. Im Gespräch mit dem Polizisten bricht seine alte Überlegenheitslust durch: Er legt ein wahres Geständnis ab und stellt es als gespielt hin. Die auftrumpfende Haltung gelingt ihm jedoch immer nur in einer Herausforderung, in der Bedrohung seiner Freiheit. Kaum ist er wieder allein, überfällt ihn von neuem die Verzweiflung des Alleinseins. Der eine Ausweg – zur Polizei – wird ihm verstellt durch einen plötzlichen zweiten Weg: das tätige Mitleid, das er der Familie Marmeladow erweist. Und daraus erwächst ihm unerwartet einen neues, allerdings noch egoistisch eingefärbtes Lebensgefühl.

An dieser Stelle können wir Dostojewskijs Hauptthema schon fast mit Händen greifen.

Dritter Teil

Raskolnikows Verhalten wird, von außen gesehen, fahrig und unverständlich. Nur im Blick der Mutter enthüllt sich ein Teil der Wahrheit:

»Er winkte mit der Hand schwach Rasumichin ab, um dem Strom seiner eifrigen, aber verworrenen Beruhigungen an Mutter und Schwester ein Ende zu machen, nahm beider Hände und blickte eindrücklich etwa zwei Minuten lang schweigend bald die eine, bald die andere an. Die Mutter erschrak vor seinem Blick. Aus diesem Blick sprach unter anderem ein bis zur Qual gesteigertes Gefühl, aber gleichzeitig etwas Starres, ja, nahezu Irrsinniges. Pulcheria Alexandrowna begann zu weinen.«

Der Freund Rasumichin erweist sich auch in leicht angetrunkenem Zustand und trotz seiner plötzlichen, komisch und wortreich ausbrechenden Liebe zu Awdotja immer mehr als Fels in der anbrandenden Handlung: Er bringt die beiden Frauen in ihr kleines Hotel und ruft den Arzt Sosimow zu Raskolnikow. Awdotjas Mutter nennt ihn bewundernd einen »flinken und zuverlässigen jungen Mann«.

Im zweiten Kapitel berichtet Rasumichin nach einem Gespräch mit dem Arzt der Mutter und der Schwester von Raskolnikows Befinden. Und nicht nur davon: Er schildert ihnen (und dem Leser) auch Raskolnikows Lebensweise und Charakter:

»Er ist verschlossen, düster, selbstbewußt und stolz; in der letzten Zeit (oder vielleicht auch schon viel früher) wurde er argwöhnisch und hypochondrisch. Aber er ist großmütig und gütig. Er liebt es nicht, seine Gefühle zu zeigen, und würde lieber hart erscheinen, als sein Herz in Worten aufzudecken. Zuweilen erscheint er übrigens gar nicht hypochondrisch, sondern einfach kalt und gefühllos bis zur Unmenschlichkeit, als ob in ihm zwei entgegengesetzte Charaktere abwechselten.«

In die Szene platzt, wie in einem guten Kolportageroman, ein Brief Luschins an die Mutter, der ihren Sohn in ein böses Licht stellt: Raskolnikow habe, obwohl doch scheinbar schwer krank, kurz danach der Tochter eines »Trunkenboldes«, einem Mädchen »von verrufenem Lebenswandel«, eine beträchtliche Geldsumme gegeben. Deshalb verbitte er sich Raskolnikows Anwesenheit bei seinem nächsten Besuch.

Rasumichin führt die zwei Damen zurück in die Dachstube. Raskolnikow liegt wie nach einer Krankheit im Bett:

»Aber dieses bleiche und düstere Gesicht erhellte sich auf einen Augenblick, wie durch ein Licht, als Mutter und Schwester eintraten, nahm jedoch bald statt des früheren Ausdrucks düsterer Zerstreutheit den einer konzentrierten Pein an. Sosimow, der seinen Patienten mit dem ganzen jugendlichen Eifer eines seine Praxis erst beginnenden Arztes beobachtete und studierte, bemerkte voll Verwunderung in diesem Gesicht, statt der Freude über die Ankunft der Angehörigen, so etwas wie eine schwere heimliche Entschlossenheit, eine mehrstündige Folterqual zu ertragen, die nicht zu umgehen war.«

Überhaupt ist es in diesem dritten Kapitel vor allem der Arzt Sosimow, der die Handlung erläutert. Er legt den Damen auseinander, daß, obwohl die Ausführung einer Handlung meisterhaft ist, die Motive in einem krankhaften Traumdunkel liegen, und fährt fort:

»In diesem Sinne gleichen wir fast alle tatsächlich und sehr oft Verrückten, nur mit dem kleinen Unterschied, daß die ›Kranken‹ doch noch ein bißchen verrückter sind als wir, man muß hier eine Grenze festhalten. Einen vollkommen harmonischen Menschen aber – das ist wahr – gibt es fast überhaupt nicht.«

Wie zur Bestätigung solcher Disharmonie spürt Raskolnikow im freundlichen Gespräch mit der Mutter plötzlich eine »Todeskälte«, als ihm bewußt wird, daß er nie wieder frei und offen mit seinen Verwandten sprechen kann. Seiner Schwester wirft er vor, sich an Luschin nur zu verkaufen (was diese vehement und wider besseres Wissen zurückweist), zeigt sich aber im nächsten Augenblick schon wieder völlig gleichgültig in dieser Sache und analysiert einen Moment später in Luschins Brief eine ausgesprochene finanzielle Drohung gegen die Schwester.

In diesem Familientreffen tritt nun (im vierten Kapitel) Sofja auf. Es ist nur eine kurze Szene, aber sie ist bezeichnend: Sofja sieht noch schüchterner aus als am Vortag, noch verlegener vor den vielen Menschen in dem kleinen Zimmer, aber tapfer lädt sie Raskolnikow zur Beerdigung ihres Vaters ein. Awdotja gibt der kindlichen Prostituierten beim Abschied die Hand.

Draußen auf der dunklen Straße wird Sofja von einem noch Unbekannten beobachtet, während sich Rasumichin und Raskolnikow aufs Polizeirevier zu Porfiri begeben.

Das fünfte Kapitel wird oft als der Höhepunkt des Romans gesehen – zu Unrecht. Zwar wird hier eine der wichtigsten Figuren nicht mehr nur angekündigt, sondern eingeführt; und Raskolnikow entwickelt seine Theorie vom Übermenschen, der auch einen Mord begehen darf. Aber wir haben schon gesehen, daß bereits viele andere Personen vor Porfiri als Raskolnikows Spiegel und Gegenbild dienen; und selbst im Licht seiner eigenen »Napoleon«-Theorie sieht sich Raskolnikow – im darauffolgenden Kapitel – als Versager.

Der Eintritt in die Wachstube ist eine Theaterfarce: Raskolnikow kann sich vor Lachen nicht halten, zu sehr erheitert ihn Rasumichins peinliches Erröten (er hat erraten, daß sich Rasumichin in Awdotja verliebt hat). Es dauert eine amüsante Weile, bis man zur Sache kommt: Raskolnikow möchte mit gespielter Verlegenheit die Verpfändung einiger – jetzt vermutlich gestohlener – Wertgegenstände bei der Ermordeten melden. Danach muß Raskolnikow feststellen, daß Porfiri trotz aller schwatzhafter Bonhomie offenbar schon ziemlich viel weiß, vielleicht zu viel.

Zwischendurch erhält Rasumichin das Wort und erzählt von einer vorabendlichen Diskussion über »sozialistische« Ansichten zum Verbrechen als »Protest gegen die Anomalie der gesellschaftlichen Struktur«. Raskolnikow hält ihm gegen die Milieutheorie die Vergewaltigung eines zehnjährigen Mädchens vor. Da schaltet sich Porfiri ein und spricht Raskolnikow auf seinen vor zwei Monaten erschienenen Zeitschriftenartikel an. Er gibt den Inhalt (absichtlich?) ungenau wieder, und Raskolnikow fühlt sich zu einer Klarstellung aufgefordert. Es geht um die Frage, ob ein Verbrechen auch gerechtfertigt sein kann.

Raskolnikow meint, daß die großen »Wohltäter und Ordner der Menschheit« wie Solon oder Napoleon notwendigerweise Übertreter des Gesetzes, also Verbrecher sein müssen, um die Gesellschaft aus ihren eingefahrenen Geleisen zu befreien; die Menschen teilen sich also zwangsläufig in »niedrigeres« Menschen-»Material« und »höhere« Persönlichkeiten, die »in ihrer Umgebung ein neues Wort« zu sagen haben. Anstelle einer Erwiderung fragt Porfiri erst einmal, ob Raskolnikow an Gott glaubt, an die Auferstehung des Lazarus – und Raskolnikow bejaht. Dann aber möchte Porfiri gespielt verschmitzt wissen, wie man die beiden Sorten Mensch denn unterscheiden könne? Und dann die – wie von Inspektor Columbo eingeleitete – Kernfrage:

»›Nun, schelten Sie mich oder schelten sie mich nicht, ärgern Sie sich über mich oder ärgern Sie sich nicht, aber ich kann's nicht unterlassen‹, hielt sich Porfiri Petrowitsch wieder auf, ›erlauben Sie mir nur noch eine einzige kleine Frage (ich belästige Sie schon viel zu sehr!), aber möchte doch dieses eine Ideechen noch dazwischenschieben, sei es auch nur, um es nicht zu vergessen ...‹

›Gut, sagen Sie Ihre kleine Idee!‹ Ernst und bleich stand Raskolnikow in Erwartung vor ihm.

›Ja, sehen Sie ... ich weiß wirklich nicht, wie ich mich möglichst glücklich ausdrücken soll ... Das Ideechen ist schon reichlich spaßig ... rein psychologisch ... Sehen Sie, als Sie Ihren Aufsatz verfaßten, da wäre es doch nicht gut möglich, hehe! ... daß Sie nicht sich selbst – nun sagen wir meinetwegen, ein bißchen – gleichfalls für einen *außergewöhnlichen* Menschen gehalten haben, der ein *neues* Wort zu sagen hat ... War es nicht so?‹«

Raskolnikow aber ist auf der Hut: Wenn es so wäre, antwortet er voller Verachtung, würde er es bestimmt nicht ihm erzählen.

Auch die abschließende Fangfrage Porfiris, ob Raskolnikow bei seinem Besuch bei der Pfandleiherin zwei Anstreicher gesehen habe, wird von Raskolnikow geschickt pariert: natürlich nicht (die waren ja erst am Tag des Mordes im Haus).

Schweigend treten die Freunde auf die Straße, »und eine Strecke weit sprachen sie kein Wort«.

Das letzte Kapitel dieses Teils, auf dem Weg zu Raskolnikows Mutter und Schwester, beginnt mit dem Gespräch der beiden Freunde über Porfiris Verhörtechnik. Abrupt trennt sich dann aber Raskolnikow von seinem Begleiter, um schnell noch etwas zu erledigen. Er rast in sein Zimmer und sucht das Versteck in der Wand nach liegengelassenem Diebesgut ab – aus Furcht vor einer plötzlichen Hausdurchsuchung. Im Hinausgehen zeigt ihm der Hausmeister einen Mann, der sich gerade nach ihm erkundigt habe: ein »welkes, runzliges Gesicht deutete auf ein Alter über fünfzig; die kleinen, verquollenen Augen blickten finster, streng und mit Mißvergnügen«. Im Vorübergehen zischt ihm der Unbekannte »Mörder!« zu.

Von neuen Fieberanfällen geschüttelt, kehrt er in seine Dachkammer zurück, fällt aufs Bett, hört nach einer Weile Rasumichin und Nastassja einen Augenblick an der Tür und wachträumt vor sich hin. Ihm wird schlagartig bewußt, daß er bei all den Fehlern, die er begangen hat, nicht zu den gerühmten »Übermenschen« gehören kann:

»Nein, jene Menschen sind nicht so beschaffen: Der geborene Machthaber, dem alles erlaubt ist, der bombardiert Toulon, veranlaßt ein Blutbad in Paris, *vergißt* eine Armee in Ägypten, verschwendet eine halbe Million Menschen im russischen Feldzug und macht sich in Wilna mit einem Wortspiel davon los; und gerade ihm errichtet man, nach seinem Tode, Standbilder – also folgt daraus, daß doch *alles* erlaubt ist. Nein, solche Menschen sind offenbar nicht Körper aus Fleisch und Blut, sondern aus Bronze!«

Ein plötzlicher Nebengedanke brachte ihn auf einmal fast zum Lachen:

»Napoleon, die Pyramiden, Waterloo – und eine dürre garstige Registratorswitwe, ein altes Weib, eine Wucherin, mit einer roten Truhe unter dem Bett – nun, wie soll das selbst ein Porfiri Petrowitsch verdauen! ... Wie sollten sie es auch verdauen können! ... Die Ästhetik steht ihnen doch im Wege: Wird denn, werden sie sagen, ein Napoleon unter das Bett eines alten Weibes kriechen! ...«

Wahre Alpträume suchen ihn heim. Er träumt von dem Unbekannten, der ihn »Mörder!« genannt hat und nun erneut ins Haus der Alten führt, wo Raskolnikow sie abermals mit dem Beil erschlägt – aber sie lacht nur, sie lacht ihn aus. Mit Mühe erreicht er wieder seine Kammer, wo sich nun aber der quälende Traum in die Wirklichkeit fortsetzt: Als Raskolnikow die Augen öffnet, steht ein Fremder in der offenen Tür, kommt näher und setzt sich zu ihm ans Bett: »Erlauben Sie, mich Ihnen vorzustellen: Arkadi Iwanowitsch Swidrigailow.«

Im Dritten Teil des Romans gleiten Raskolnikow alle zentralen Tatmotive aus den Händen: Keine der bisherigen Überlegungen kann vor seinem radikalen Denken noch bestehen.

Sogar an seiner Schwester beobachtet er eigene, ungute Charakterzüge: Ihr Beharren auf die Heirat mit Luschin kommt aus demselben Stolz, den er als ausgeprägten Egoismus an sich selbst kennt. Sosimows Äußerungen über die schwierige Grenzlinie zwischen »mehr und weniger Verrückten« beunruhigt ihn nachhaltig. Aber der schwerste Schlag ist die Einsicht in die Unhaltbarkeit seiner Übermenschen-Theorie. Ein erster nachdenklicher Zweifel äußert sich mit dem mystisch klingenden Satz: »Mir scheint, wahrhaft große Menschen müssen auf Erden eine große Trauer empfinden.« Schon hier, im Polizeirevier, scheitert seine grandiose Theorie an den scheinbar einfältigen Fragen Porfiris. Und als ihm der Polizist auch noch die Fangfrage stellt, weiß Raskolnikow, daß er bereits unter Verdacht steht, und das versetzt seinem Selbstwertgefühl einen schweren Schlag. Niederschmetternd ist endlich die Erkenntnis, daß er eindeutig nicht zu den Übermenschen gehört: Napoleon vergißt eine ganze Armee, er hingegen läßt ein lächerliches Beweisstück hinter der Tür liegen.

Ist Raskolnikow also schon intellektuell nicht »fertig« mit seiner Tat, so zeigen sich nun im Fieberschlaf auch emotionale Beschädigungen: Er begeht den Mord im

Traum noch einmal, aber das makabre Lachen der Alten entlarvt den Theoretiker endgültig als lächerliche Figur.

Vierter Teil

Swidrigailow ist eine der rätselhaftesten Charaktere des Romans. Er wird meist als die reine Verkörperung des Bösen gesehen, und die sexuelle Belästigung Awdotjas ist tatsächlich nur die schwache Andeutung seiner Hemmungslosigkeit. Aber er wird sich dem Leser, schon im ersten Kapitel dieses Teils, zugleich von einer ganz anderen Seite zeigen.

Er legt in ausführlicher, wohlgesetzter, hochgebildeter Rede dem widerwilligen Zuhörer Raskolnikow die Gründe seines Verhaltens auseinander. Er plädiert auf menschliche Schwäche (»et nihil humanum …«), nimmt für sich die Opferrolle in Anspruch (da Awdotja doch seine ehrliche Liebe abgewiesen habe), weiß, daß es schändlich war, die Ehefrau mit der Peitsche zu schlagen (»Halten Sie mich, bitte, nicht für einen Zyniker«), träumt schlechten Gewissens von seiner inzwischen verstorbenen Frau Marfa Petrowna und denkt über ein mögliches Jenseits nach. Dort könnte es doch ohne weiteres statt geräumiger Helle »›nur ein kleines Zimmer geben, ähnlich einer Backstube auf dem Lande, verräuchert, in allen Ecken Spinnen, und das ist dann die ganze Ewigkeit. Mir, wissen Sie, schwant manchmal etwas von der Art.‹

›Können Sie sich denn wirklich, wirklich nichts Tröstlicheres und Gerechteres vorstellen als so etwas!‹ rief Raskolnikow mit schmerzhaftem Gefühl aus.

›Gerechteres? Wer weiß, vielleicht *ist* dies auch gerecht; und wissen Sie, *ich* würde es unbedingt absichtlich so einrichten!‹ antwortete Swidrigailow mit unbestimmtem Lächeln.« Er hat sich, teilt er Raskolnikow mit, entschlossen, »eine gewisse Reise« anzutreten, möchte sich vorher aber noch bei Awdotja entschuldigen und ihr zehntausend Rubel zukommen lassen, ein beträchtliches Vermögen, um sie vor der Ehe mit Luschin zu retten. Im hastigen Aufbruch stößt er im Türrahmen mit dem eintretenden Rasumichin zusammen, der Raskolnikow zum Treffen mit Luschin bei Awdotja und ihrer Mutter abholt.

Die Zusammenkunft (im dramatischen zweiten Kapitel) beginnt mit außerordentlich bemühter Konversation, mit der die schwelenden Animositäten nur schlecht kaschiert werden. Dann erzählt Luschin von Swidrigailow und seinem undurchsichtigen Verhältnis zu der Wucherin Rösslich:

»Bei der Rösslich wohnte eine entfernte Verwandte, eine Nichte, glaube ich, ein taubstummes Mädchen von fünfzehn Jahren, die von dieser Rösslich grenzenlos gehaßt wurde. Jedes Stück Brot soll sie ihr vorgeworfen und sie sogar unmenschlich geschlagen haben. Eines Tages wurde dieses Mädchen auf dem Boden erhängt aufgefunden. Es wurde festgestellt, daß sie Selbstmord verübt hatte. Nach den gewöhnlichen Formalitäten wurde die Sache abgeschlossen, später aber lief eine Denunziation ein, daß das Kind von Herrn Swidrigailow ... grausam mißbraucht worden sei. Es ist wahr, die Sache war sehr dunkel, die Denunziation stammte von einer anderen Deutschen, einem verwerflichen Frauenzimmer, das kein Vertrauen verdiente; schließlich ergab es sich dank der Bemühungen und dem Gelde Marfa Petrownas, daß gar keine Denunziation eingelaufen sei, alles beschränkte sich auf ein Gerücht.«

Kurz danach bringt Awdotja den Zusammenstoß zwischen Raskolnikow und Luschin zur Sprache. In klaren, mutigen Worten stellt sie Luschin zur Rede: Wer – da sie nun zwischen den beiden zu wählen hat – hat recht, ihr Bruder oder ihr Verlobter? Luschin antwortet gereizt und mit aufgesetzter Feierlichkeit (»Die Liebe zum künftigen Lebensgefährten, zum Gatten, muß die Liebe zum Bruder weit überragen«). Schwieriger wird seine Verteidigung gegen den Vorwurf, über Raskolnikow die Unwahrheit geschrieben zu haben: Schließlich habe dieser doch das Geld nicht Sofja, sondern ihrer Mutter für die Beerdigung gegeben.

Das Gespräch wird immer schärfer. Luschin: Er habe den Brief nur an die Mutter geschrieben und nicht an alle. Die Mutter: »Sollen wir denn jeden Ihrer Wünsche als einen Befehl auffassen?« Awdotja: Offenbar habe Luschin bei seinen Plänen auf ihre Hilflosigkeit gebaut. Und Luschin: »Jetzt wenigstens kann ich darauf nicht mehr bauen.« Als er Awdotja auch noch die Geldausgaben vorhält, zu denen ihn die Verlobung veranlaßt habe, und ihren umstrittenen »Ruf in der Stadt« erwähnt, werfen ihn Raskolnikow und Rasumichin geradezu handgreiflich hinaus.

Awdotja erkennt, daß sie sich von einem Unwürdigen und seinem Geld hat beeindrucken lassen (»›Gott hat uns gerettet! Gott hat uns gerettet!‹ murmelte Pulcheria Alexandrowna«, die Mutter). Raskolnikow berichtet nun von den zehntausend Rubeln, die Swidrigailow Awdotja zur Wiedergutmachung schenken oder vermachen will, aber die Familie traut diesen angeblich guten Absichten nicht. Rasumichin erklärt sich offen zu Awdotjas Beschützer. In begeisterten Worten legt er ihr zudem das Projekt eines

Verlags vor, den er mit dem Geld eines Onkels gründen wird, und fragt Awdotja, ob sie nicht mit einem Teil ihres neuen Vermögens seine Partnerin werden möchte (»Awdotjas Augen leuchteten.«).

In diese schönen Zukunftspläne hinein platzt Raskolnikows erschreckend unzusammenhängende Mitteilung, er wolle eine Weile von ihnen allen fortgehen:

»Ich wollte sagen ... als ich hierher kam ... ich wollte Ihnen, Mama ... und dir, Awdotja, sagen, daß es besser ist, wenn wir uns für eine Zeitlang trennen. Ich fühle mich nicht wohl, ich bin unruhig ... ich werde später wiederkommen, ich werde von selbst kommen, wenn ... es möglich sein wird. Ich vergesse euch nicht und liebe euch ... Doch laßt mich! Laßt mich allein! Ich habe es so beschlossen, schon früher ... Ich habe es fest beschlossen ... Was mit mir auch geschehe, ob ich zugrunde gehe oder nicht, ich will allein sein. Vergeßt mich ganz und gar. Es ist so am besten. Erkundigt euch auch nicht nach mir. Wenn es nötig sein wird, komme ich von selbst oder ... ich rufe euch. Vielleicht wird alles auferstehen! – Jetzt aber, wenn ihr mich liebt, verzichtet auf mich. ... Sonst müßte ich euch hassen, ich fühle es ... Lebt wohl!«

Die Familie ist konsterniert. Raskolnikow geht aus dem Zimmer, Rasumichin ihm nach. Auf dem Gang wiederholt Raskolnikow seine kategorische Bitte, ihn allein zu lassen. Dann geschieht etwas Merkwürdiges:

»Es war ziemlich dunkel auf dem Korridor. Sie standen unter einer spärlich brennenden Lampe. Eine Weile blickten sie einander an, schweigend. Rasumichin erinnerte sich später sein Leben lang dieser Minute. Der brennende und unverwandte Blick Raskolnikows schien sich mit jeder Sekunde zu verstärken, drang in seine Seele ein, in sein Bewußtsein. Plötzlich zuckte Rasumichin zusammen. Etwas

Sonderbares ging gleichsam zwischen ihnen vor ... Eine Art Idee sprang über, wie ein Wink; etwas Schauerliches, Gräßliches, plötzlich von beiden gedacht, von beiden verstanden ... Rasumichin wurde bleich wie ein Toter.

›Verstehst du jetzt?‹ fragte Raskolnikow plötzlich mit schmerzverzogenem Gesicht. ›Kehre zurück, geh zu ihnen‹, fügte er hastig hinzu, drehte sich schnell um und verließ das Haus.«

»Raskolnikow aber«, so der Anfang des nächsten, des berüchtigten vierten Kapitels in diesem Teil, »ging geradewegs zu jenem Haus am Kanal, wo Sofja wohnte.« Berüchtigt deshalb, weil ihm immer wieder der Vorwurf gemacht wurde, es sei unrettbar verkitscht, spätestens an der Stelle, wo Sofja Raskolnikow aus dem Johannes-Evangelium die Auferstehung des Lazarus vorliest. Aber sehen wir zu, wie es dazu kommt.

Raskolnikow, der alle sozialen Brücken hinter sich eingerissen hat, geht also spätabends zu Sofja. Ihre Wohnung ist armselig: »Sofjas Zimmer glich beinahe einer Scheune, es hatte die Form eines äußerst unregelmäßigen Vierecks, und das verlieh ihm eine gewisse Mißgestalt.« In gegenseitiger Verlegenheit beginnt das Gespräch. Raskolnikow erkundigt sich, wie es jetzt, nach dem Tod des Vaters Marmeladow, weitergehen soll. Sofja erzählt von den wirren Plänen ihrer Mutter, ein Mädchenpensionat zu eröffnen. Aber die Lage der Familie ist verzweifelt. Sofja kann nur noch auf Gott vertrauen, woraufhin Raskolnikow »mit einem Anflug von Schadenfreude« erwidert, vielleicht gebe es ja gar keinen Gott. Sofja sieht ihn mit einem stummen Vorwurf an. Dann, nach minutenlangem Schweigen, »bückte er sich schnell, kniete vor und küßte ihren Fuß. Sofja fuhr entsetzt vor ihm zurück, wie vor einem Irrsinnigen. Und wirklich sah er ganz wie ein Irrsinniger aus. ›Was tun Sie, was tun Sie da? Vor mir!‹ murmelte sie erbleichend, und ihr Herz krampfte sich schmerzhaft zusammen.

Er stand sofort auf.

›Ich habe mich nicht vor dir verneigt, sondern vor dem ganzen Menschenleid‹, sagte er wie wild und ging weg zum Fenster.«

In der nächsten Minute jedoch schreit er sie wütend an, sie habe sich ganz umsonst geopfert, weil sie niemandem damit hilft. Wäre es nicht besser, sich gleich umzubringen? Sofjas Antwort ist von entwaffnender Geradheit:

»Und was wird aus denen zu Hause?«

An ihrer unüberraschten Ruhe erkennt er, daß auch sie schon einmal an Selbstmord gedacht hat. Was aber, fragt er sich weiter, hat diesen Schritt bisher verhindert? Wieso hat sie nicht längst den Verstand verloren? Oder ist sie längst wahnsinnig?

»Ist sie denn bei gesunder Vernunft? Kann man denn bei gesunder Vernunft so denken wie sie? Kann man denn über dem Abgrund so dasitzen, unmittelbar über der stinkenden Grube, in die es sie schon hineinzieht, und mit den Händen abwinken und sich die Ohren zuhalten, wenn man mit ihr von der Gefahr spricht? Was denkt sie sich denn, oder … erwartet sie gar ein Wunder? Ja, sicher, das wird es sein.«

Hier bittet er sie, ihm den Lazarus vorzulesen. Aber wir spüren, daß er es nicht aus plötzlicher Frömmigkeit wünscht, sondern als zynisches Experiment, ob sich das Wunder nun einstellt – nicht an ihm, sondern an ihr! Er beobachtet sie also beim Lesen wie im Tierexperiment: »Raskolnikow wandte sich ihr zu und sah sie erregt vor Spannung an: Ja, es war so! Sie zitterte bereits am ganzen Körper in wahrem, wirklichen Fieber. Er hatte das erwartet. Sie näherte sich den Worten über das größte und unerhörte Wunder, und das Gefühl eines großen Triumphes erfaßte sie.«

Wie wenig Raskolnikow in irgendeinem Sinn davon »bekehrt« ist, zeigt er danach in den irrwitzigen Andeutungen über einen gemeinsamen Weg, ein gemeinsames Ziel mit Sofja, die – berechtigterweise – kein Wort versteht. Seine Erwiderung zeigt, daß er Sofja gründlich mißversteht; er zieht sie rabulistisch auf sein heilloses Niveau herunter, und zuletzt fällt er sogar in seine eben abgelegten Allmachtsphantasien zurück:

»Du wirst später verstehen. Hast du denn nicht dasselbe getan? Auch du bist hinübergeschritten … du hast es vermocht. Du hast Hand an dich gelegt, du hast ein Leben vernichtet … *dein* Leben (das ist einerlei!). Du hättest im Geist und in der Vernunft leben können und wirst auf dem Heumarkt enden … Aber auch du kannst es nicht aushalten; wenn du *allein* bleibst, wirst du den Verstand verlieren, wie ich auch. Du bist ja schon jetzt wie irrsinnig; also müssen wir zusammengehen, ein und denselben Weg!«

Er schwadroniert von »Freiheit und Macht«, die es zu erlangen gilt, »Macht über diesen ganzen zitternden Pöbel und über dieses ganze Ameisenvolk«. Kurz bevor er geht, kündigt er an, ihr am nächsten Tag den Mörder der Wucherin zu enthüllen. Zum Schluß erfahren wir, daß Swidrigailow, im Nebenzimmer versteckt, das ganze Gespräch belauscht hat.

Die beiden letzten Kapitel dieses Abschnitts sind wie aus einem Theaterstück, von den Romanhelden selbst inszeniert und mit einem überraschenden Ende.

Zum zweiten Mal sehen wir Raskolnikow bei Porfiri, anscheinend erneut wegen der versetzten Pfandsache, in

Wahrheit aber, weil beide wechselseitig das Mörderjagd-Spiel weiterspielen. Beide haben sich unter energischer Selbstkontrolle. Porfiri versucht es wieder mit seiner umständlichen Freundlichkeit. Raskolnikow analysiert fast jeden seiner eigenen Sätze, kaum daß er ihn ausgesprochen hat. Als er dem Polizisten die bekannten Verhörtricks schildert, bricht Porfiri in ein schallendes Gelächter aus, »daß ihm das Blut zu Kopf stieg«. Ziemlich nervös verlangt Raskolnikow, jetzt endlich verhört zu werden. Porfiri palavert indessen langwierig über Damen als Konversationsthema, das Anbieten von Kaffee, die Justizreform, die erwähnten Verhörtricks – bald »sinnlos leeres Zeug«, wie Raskolnikow meint, bald geheimnisvolle Anspielungen. Dazwischen lauscht er immer wieder zu einer dünnen Wand hin. Allmählich wird seine Rede kohärenter. Er erklärt Raskolnikow, er habe nicht die geringste Absicht, einen Verdächtigen frühzeitig festzunehmen, im Gegenteil:

»Wenn ich nun manch einen Herrn ganz allein lasse, ihn nicht festsetze und nicht beunruhige, wobei er aber jede Stunde und jeden Augenblick wissen oder wenigstens vermuten mag, daß ich alles wisse, sein ganzes Geheimnis, Tag und Nacht ihn beobachten lasse, rastlos auf ihn aufpasse, so daß er sich bewußt unter ewigem Verdacht und in ewiger Angst fühlen muß, ja, bei Gott, da wird ihm denn doch schwindlig werden, er wird nicht aus und ein wissen, er wird tatsächlich selbst kommen und wird vielleicht noch etwas tun, was schon haargenau dem Zweimalzwei entspricht, was die Sache sozusagen wie ein mathematisches Exempel aufgehen läßt – und das ist doch sehr angenehm.«

Im Verlauf des offenbar endlosen, mäandernden, peripathetischen Vortrags wird es Raskolnikow unerträglich heiß, seine Beine fangen zu zittern an, und in heller Wut schreit er dem Polizisten entgegen, er habe die Verdächtigungen jetzt satt: »Ich dulde es nicht!« wiederholt er sich ein paarmal, schlägt mit der Faust auf den Tisch. Porfiri beruhigt ihn mit einem Glas Wasser.

Danach scheint Raskolnikow das Spiel fast verloren zu geben. Er wirft Porfiri plötzlich vor, ihn immer nur anzulügen, will »ein Ende machen« und verlangt die abschließende Auskunft, ob er nun unter Verdacht stehe oder nicht.

»›Ach, du lieber Himmel! Ist das ein Kreuz mit Ihnen!‹ rief Porfiri mit vollkommen lustiger, schlauer und gar nicht aufgebrachter Miene aus. ›Ja, wozu wollen Sie es denn wissen, wozu wollen Sie so vieles wissen, wenn man doch noch nicht einmal begonnen hat, Sie in irgendeiner Weise zu belästigen! Sie sind wie ein Kind, das unbedingt Feuer haben will, dem man das Feuer in die Hand geben soll! Und warum beunruhigen Sie sich denn in dieser Weise? Warum drängen Sie sich uns auf, aus welchen Gründen? Wie? Hehehe!‹

›Ich wiederhole Ihnen‹, rief Raskolnikow in blinder Wut, ›daß ich es länger nicht ertragen kann ...‹

›Was denn? Die Ungewißheit?‹ unterbrach ihn Porfiri.«

Er bedrängt den Verdächtigen sogar noch schmerzhafter: Er habe ihm hinter der Tür eine »Überraschung« vorbereitet, sagt er, ob Raskolnikow sie nicht sehen wolle. Bevor dieser sich in seiner Raserei jedoch vollends selbst verrät (»Noch mehr kann man sich doch gar nicht verraten«, kommentiert Porfiri trocken), hört man hinter der Tür ein lautes Geräusch.

Im nächsten Augenblick (mit dem wir übergangslos ins sechste Kapitel geraten) stürzt nach kurzem Handgemenge mit zwei Polizisten ein junger Mann ins Zimmer: Nikolai, einer der beiden Anstreicher aus dem Haus der Ermordeten.

Porfiri reagiert seltsam: Er fragt, warum man ihn jetzt schon hergebracht habe, es sei doch noch viel zu früh. Nikolai aber verhält sich noch verblüffender: Er kniet sich vor Porfiri hin und legt ein falsches Geständnis ab: Ich bin der Mörder der Pfandleiherin. Porfiri, nach ein paar mißtrauischen Detailfragen an Nikolai, entschuldigt sich bei Raskolnikow und bittet ihn hinaus.

»›Das haben Sie wohl nicht erwartet?‹ sagte Raskolnikow, der die Sache natürlich selbst noch nicht begriff, jedoch seine Fassung wiederzufinden Zeit gehabt hatte.

›Auch Sie, Väterchen, haben das wohl nicht erwartet. Da, wie Ihre Hand zittert! Hehe!‹ – ›Auch Sie zittern ja, Porfiri Petrowitsch.‹ – ›Ja, auch ich zittere; hätte das nie für möglich gehalten!‹ Sie standen beide schon an der Tür. Porfiri wartete mit Ungeduld auf Raskolnikows Hinausgehen. ›Und Ihre kleine Überraschung, wollen Sie mir die nicht doch noch zeigen?‹ fragte Raskolnikow plötzlich.

›Das fragt er nun, während ihm selbst noch die Zähne im Munde klappern, hehe! Sie sind doch ein ironischer Mensch! Nun, auf Wiedersehen!‹«

In der letzten Szene begegnen wir schließlich dem Handwerker, der Raskolnikow bei seinem zweiten Besuch des Tatorts gesehen (und ihm nachts »Mörder!« zugezischt) hatte. Porfiri hat ihn hinter der Wand versteckt, um ihn im definitiv schockierenden Augenblick zur Gegenüberstellung mit Raskolnikow hereinzurufen. Aber das unerwartete, da spontane Geständnis Nikolais hat die schlaue Inszenierung verdorben. Nachdem Raskolnikow von dem Handwerker die Hintergründe erfahren hat, fühlt er sich wieder stark und kampflustig.

Dieser Vierte Teil enthält einige der dramatischsten Szenen des Romans: das Familientreffen mit Luschin, Raskolnikows nächtliches Gespräch mit Sofja und Porfiris mißglücktes Verhör. Alle drei Begegnungen, auf jeweils charakteristische Weise, erzählen von nichts anderem als der inneren Ausweglosigkeit des Mörders.

Die Rettung Awdotjas vor ihrem Verlobten Luschin (der sich übrigens noch bitter rächen wird für den Hinauswurf) ist die letzte »gute Tat« Raskolnikows; er hat sich aus allen sozialen Verhältnissen entfernt und zerschneidet nun auch die emotionalen Bindungen an die Familie. Er meint, seinen Weg allein gehen zu müssen.

Enthüllend ist das scharf konturierte Gespräch mit Sofja. Hier bietet sich ihm die Chance, selbst in ihrer schäbigsten, kraß kommerziellen Verkleidung die Liebe zu sehen, das unangreifbar selbstlose Mitleid mit der Welt, das ihn aus seiner Vereinsamung zu befreien imstande wäre. Sekundenlang, als er sich vor Sofja verneigt, scheint er diese Befreiung erkannt zu haben, und er nennt Sofja deshalb auch eine »heilige Irre« – eine Zentralfigur in Dostojewskijs Weltbild. Aber dann wischt er den Eindruck sarkastisch von sich ab: Jetzt werde er noch selbst ein heiliger Narr, das sei offenbar »ansteckend«. Und Sofjas Prostitution für den Familienunterhalt mit seinem Doppelmord zu vergleichen ist nichts als eine intellektuelle Spielerei. Raskolnikow ist noch immer verblendet. Das ist das eine Versagen.

Das zweite, an dem er allerdings weniger Schuld trägt, passiert ihm bei Porfiri. Im Lauf des raffinierten Verhörs hat der Polizist den Mörder schon fast an dem Punkt, wo dieser freiwillig gestehen könnte, wenn nötig, unter dem Schock einer Gegenüberstellung.

Aber da bricht ihm durch Nikolais Hereinplatzen die sorgfältige Inszenierung unter den Händen zusammen. Und Raskolnikow ergreift mit geradezu sportlichem

Ehrgeiz die Flucht aus der Verantwortung. Es ist an dieser Stelle des Romans deutlich, daß Raskolnikow nun nicht mehr bloß ein Mordmotiv sucht, sondern etwas Existentielles, ein gelingendes Leben. In der offenbar wiedergewonnenen Kampfeslust aber, soviel ahnen wir schon, wird er es nicht finden.

Fünfter Teil

In diesem Teil liegt die Sinnmitte des Romans, die extreme Zuspitzung des Geschehens: Raskolnikows Geständnis vor Sofja. Seine unerbittliche Selbstbefragung ist einer der bewegendsten Monologe der Weltliteratur. Dieser Augenblick der Wahrheit ist eingebettet in die unsinnige, komische, freudlose Geschichte von Sofjas Mutter Katerina Iwanowna sowie in deren Tod in einem Wahnsinn aus Mitleid und Fürsorge.

Zu Anfang des ersten Kapitels sehen wir erst einmal Luschin wieder, jetzt in Amalias Pension zusammen mit seinem Stubengenossen Lebesjatnikow. Während im Nebenzimmer Katerina ein »Totenmahl« herrichtet, entspannt sich zwischen den beiden Männern eine nur halb ernste Unterhaltung über soziale Fragen. Lebesjatnikow bezeichnet sich nämlich als »Reformer« mit braven Zielen: »Jeder Mensch hat die Pflicht, die geistige Entwicklung seiner Mitmenschen zu fördern.« In seinen Augen ist Sofjas Prostitution natürlich nur ein Protest gegen die Gesellschaft. Fröhlich und unbedarft befürwortet er die freie, verpflichtungslose Ehe und die »Kommune«, eine Art frühe Wohngemeinschaft (»Es wurde in letzter Zeit über die Frage debattiert: Ist ein Kommunemitglied berechtigt, jederzeit in das Zimmer eines anderen – männlichen oder weiblichen –

Kommunemitglieds einzutreten?«), was Luschin immer nur Anlässe für weitere Bosheiten liefert. Zwischendurch läßt er kurz Sofja holen: Sie soll das Geld verwalten, das er durch eine Kollekte für ihre Familie zusammenbringen will. Zum Abschied schenkt er ihr zehn Rubel.

Nun das Totenmahl, »das sinnlose Gedächtnismahl«, wie Dostojewskij es uns hinstellt, entstanden in dem »verstörten Gehirn« der Witwe und wohl nur aus dem »besonderen Stolz der Armen«, die gesellschaftlichen Bräuche auch noch in bitterster Not zu befolgen. Raskolnikow ist gekommen. Katerina Iwanowna ist schon zu Beginn hochgradig erregt, schwärmt von ihrem irrealen Projekt eines Mädchenpensionats und gerät in ein allmählich bösartiges Rededuell mit der Vermieterin Amalia, die immerhin das festliche Gedeck geliefert hat, und beleidigt dabei sogar die Gäste (»Falls Ihre Löffel gestohlen werden, übernehme ich keine Verantwortung!«). Der laute Wortwechsel wird von den Zuhörern mit Beifall begleitet, auch in der Hoffnung, er entwickle sich zur chaotischen Schlägerei, und in der Tat verschärft er sich zum offenen Streit, auf dessen Höhepunkt Amalia der Witwe die Wohnung kündigt. Da tritt Luschin ein.

Jetzt, im dritten Kapitel, verwendet Dostojewskij wieder eines dieser offenbar unvermeidlichen Kolportage-Elemente, die dem Roman manchmal kritisch entgegengehalten werden: die verfolgte Unschuld. Luschin nämlich wirft Sofja öffentlich vor, ihm eine Hundert-Rubel-Note gestohlen zu haben. Das Mädchen wird gezwungen, ihre Taschen umzudrehen, und wirklich fällt der hohe Geldschein heraus. Sofjas Mutter ist außer sich, küßt und beschimpft Sofja, zerreißt den Zehn-Rubel-Schein und wirft ihn Luschin ins Gesicht. Völlig verstört läuft Sofja weg. Bevor das Böse jedoch endgültig triumphieren kann, fährt

Lebesjatnikow dazwischen: Er kann beschwören, daß ihr Luschin selbst den Geldschein heimlich in die Tasche gesteckt hat. Den Grund für die Niederträchtigkeit nennt Raskolnikow: Die Intrige richtet sich gegen ihn, aus Rache für die beendete Verlobung. Luschin muß unter allgemeinem Geschrei und gedemütigt abtreten. Jetzt bricht auch der letzte Anschein bürgerlicher Ordnung weg: Amalia wirft Katerina Iwanownas Sachen, was ihr gerade in die Hände fällt, auf den Fußboden und verlangt kreischend den sofortigen Auszug mitsamt den zwei kleinen Kindern. Raskolnikow beschließt, zu Sofja zu gehen.

Damit sind wir im zentralen vierten Kapitel angekommen. Eingangs sprechen Raskolnikow und Sofja kurz über Luschins falsche Beschuldigung. Dann stellt er ihr provozierend eine seiner theoretischen Fragen, die sie aber überfordern muß: ob nämlich, wenn sie zu entscheiden hätte, Luschin oder lieber Katerina Iwanowna am Leben bleiben solle? Sie unterläuft die Antwort mit der Klugheit ihrer Demut: »Warum fragen Sie, was man nicht fragen darf? Wozu solche leeren Fragen? Wie wäre es möglich, daß dieses von meiner Entscheidung abhängen sollte? Und wer hat mich hier zum Richter bestellt, wer leben soll und wer nicht leben soll?«

Raskolnikow gibt ihr instinktiv recht. Er spürt, daß »der Augenblick« jetzt gekommen ist (wie damals, sagt er sich, als er über dem Kopf der Alten das Beil in die Hand nahm). Aber zum offenen, befreienden Wort ist er noch unfähig; er redet sich nur umständlich an das Geständnis heran: Er wisse, wer der Mörder sei. Wer? fragt Sofja. Er: Sie soll raten.

»Es verging wieder eine furchtbare Pause. Beide blickten die ganze Zeit einander an.

›Du kannst es also nicht erraten?‹ fragte er plötzlich mit einem Gefühl, als stürze er sich von einem Turme herab.

›N-nein‹, flüsterte Sofja kaum hörbar.

›Sieh nur ordentlich her!‹ [...]

Kraftlos fiel sie auf das Bett zurück, mit dem Gesicht auf das Kopfkissen. Aber schon nach einem Augenblick erhob sie sich schnell, rückte schnell zu ihm hin, erfaßte seine beiden Hände, drückte sie krampfhaft mit ihren dünnen Fingern wie im Schraubstock, und begann von neuem, ihm unbeweglich, wie gebannt, ins Gesicht zu blicken.«

Raskolnikow versteht nicht, daß sie ihn auch jetzt noch umarmen und küssen kann, worauf sie ihm nur sagen kann, es gebe jetzt niemanden auf der Welt, der unglücklicher wäre als er. Gleichwohl bleibt sie verständnislos vor dem Mord des Mannes, den sie längst liebt. Ihre Frage nach dem Motiv setzt nun endlich etwas in Bewegung: Raskolnikows fürchterlichen Gang durch das Labyrinth seines Inneren, eine peinliche Selbsterkundung und Gewissenserforschung.

Er bestätigt zuerst halbherzig das von Sofja suggerierte Motiv, der Familie finanziell helfen zu wollen. Aber das kann es ja nicht sein: Er hat ja noch nicht einmal nachgesehen, wieviel er denn eigentlich geraubt hat. Dann muß wieder die leidige Napoleon-Theorie herhalten, als ob er den Mord »nach dem Beispiel der Autorität« begangen hätte; aber auch das nimmt ihm Sofja nicht ohne weiteres ab und bittet ihn: »Sagen Sie es mir lieber einfacher ... ohne Beispiele!«

Nun versucht es Raskolnikow mit einer Variante des ersten Motivs. Er habe, sagt er, mit dem Geld der Alten sein Studium finanzieren wollen, um der Mutter nicht länger auf der Tasche zu liegen. Aber kaum stellt ihm Sofja dazu eine Nachfrage, muß er schon wieder zugeben: »Aber ich lüge ja«, er lügt sogar schon die ganze Zeit: »Es waren ganz, ganz, ganz andere Gründe!« Kraftlos entschuldigt er sich damit, daß er seit langem mit keinem Menschen mehr gesprochen hat.

Der nächste Schritt führt ihn zurück in die Nähe des arroganten Überlegenheitsgefühls:

»›Siehst du: Ich fragte mich damals immer: Warum bin ich so dumm, daß ich, wenn andere dumm sind, und wenn ich es sicher weiß, daß sie dumm sind, nicht selbst klüger sein möchte? Später sah ich ein, Sofja, daß es zu lang dauern würde, wollte man warten, bis alle klug werden ... Ich erkannte auch, daß das niemals der Fall sein wird, daß die Menschen sich nicht ändern, daß niemand sie ändern kann und daß sich die Mühe nicht lohnt! Ja, so ist es! Das ist ihr Gesetz ... Ein Gesetz, Sofja! ... Und ich weiß jetzt, Sofja, daß der, der an Verstand fest und stark ist, auch der Herrscher über sie ist! Wer viel wagt, der ist bei ihnen im Recht. Wer auf die Mehrheit spucken kann, der ist bei ihnen auch Gesetzgeber, und wer von allen am meisten wagt, der hat auch vor allen die meisten Rechte! In dieser Weise ist es bis jetzt immer geschehen, und so wird es immer bleiben! Nur ein Blinder sieht das nicht!‹

Während Raskolnikow dies sagte, sah er Sofja wohl an, aber er kümmerte sich nicht mehr darum, ob sie ihn verstand oder nicht. Das Fieber hatte ihn völlig gepackt. Er befand sich in einem Zustand düsterer Schwärmerei. (Er hatte in der Tat schon zu lange mit keinem Menschen gesprochen!) Und Sofja begriff, daß dieser düstere Katechismus zu seinem Glauben und seinem Gesetz geworden war.

›Ich erriet damals, Sofja‹, fuhr er schwärmerisch fort, ›daß die Macht nur dem gegeben wird, der es wagt, sich zu bücken und sie aufzugreifen, sie einfach zu nehmen. Hier gilt nur eines, nur eines: daß man sich untersteht, es zu wagen! Mir kam damals ein Gedanke, den vor mir noch niemand jemals gedacht hat! Niemand! Taghell wie im Sonnenlicht stand das plötzlich vor mir: Woher es denn kommt, daß bisher noch kein einziger es jemals gewagt hat, noch jetzt wagt, wenn er an diesem ganzen Unsinn vorbeigeht, alles einfach am Schwanz zu packen, mit einem Ruck uns davon zu befreien und's zum Teufel zu schleudern! Ich … ich wollte mich *unterstehen*, und erschlug … ich wollte mich bloß unterstehen, Sofja, das war der ganze Grund!‹«

Aber auch noch hier belügt er sich selbst, das war keineswegs der letzte, »der ganze Grund«. Sofja in ihrer Verwirrung wirft ihm unbeholfen vor, sich dem Teufel ausgeliefert zu haben. Aus seiner Antwort hört sie, nicht ganz zu Unrecht, Raskolnikows intellektuellen Spott heraus, aber er widerspricht ihr mit dem längsten Monolog dieser Szene:

»›Sei still, Sofja, ich spotte durchaus nicht; ich weiß es ja selbst, daß mich der Teufel hinzog. Sei still, Sofja, sei still!‹ wiederholte er düster gebieterisch durch die Zähne. ›Ich weiß alles. All das habe ich schon von allen Seiten durchdacht und mir flüsternd vorgehalten, während ich damals in der Dunkelheit dalag … Über all das habe ich mit mir selbst bis in die letzte kleine Einzelheit gestritten und weiß alles, alles weiß ich! Und so zum Überdruß wurde mir damals dieses ganze Geschwätz, so zum Überdruß! Ich wollte alles vergessen und von neuem anfangen, Sofja, und aufhören zu schwatzen. Und glaubst du denn wirklich, ich sei wie ein Dummkopf hingegangen, blindlings? Nein, ich bin wie ein Kluger wohlüberlegt hingegangen, und eben das war mein Verderben. Und meinst du etwa, ich hätte zum Beispiel nicht gewußt, daß ich, wenn ich überhaupt damit anfing, mich zu fragen und auszuhorchen, ob ich denn auch ein Anrecht auf Macht habe, schon allein deswegen dieses Anrecht auf Macht *nicht* hatte? Oder daß, wenn ich mir die Frage vorlegte: Ist der Mensch eine Laus?, dann *für mich* der Mensch schon keine Laus war, sondern eine Laus für den, dem eine solche Frage überhaupt nicht in den Sinn kommt und der ohne alle Fragen einfach auf sein Ziel losgeht ... Wenn ich mich schon so viele Tage damit abgequält hatte, ob es Napoleon getan hätte, da fühlte ich doch schon deutlich, daß ich kein Napoleon war ... Ich habe die ganze Qual, ja Qual, dieses ganzen Geschwätzes ausgehalten, und da wollte ich sie endlich einmal loswerden, Sofja, sie von den Schultern wälzen, mit einem Ruck: Ich wollte, weißt du, ohne Kasuistik töten, einzig um meinetwillen, Sofja, für mich allein! Hierbei wollte ich mir nicht einmal selbst etwas vorlügen! Nicht um meiner Mutter zu helfen, habe ich getötet – das ist Unsinn! Nicht um Mittel und Macht zu erlangen und dann ein Wohltäter der Menschheit zu werden, habe ich getötet.

Unsinn! Ich habe einfach getötet; für mich getötet, für mich allein, und ob ich nachher irgend jemandes Wohltäter geworden wäre oder ob ich mein Leben lang wie eine Spinne alle in mein Netz eingefangen hätte, um aus allen die Lebenssäfte auszusaugen, das hätte mir in jenem Augenblick vollkommen gleichgültig sein müssen! ... Und vor allem, Sofja, war es mir nicht ums Geld zu tun, als ich tötete; nicht Geld brauchte ich, sondern vielmehr das andere ... Jetzt weiß ich das alles ... Verstehe mich recht: Vielleicht wäre es auf demselben Weg doch nie zu einer Ausführung des Mordes in der Wirklichkeit gekommen. Aber ich mußte etwas anderes feststellen, und dies andere stieß mich vor: Ich mußte damals feststellen, und zwar so schnell wie möglich feststellen, ob ich eine Laus war, wie alle, oder ein Mensch? Würde ich es fertigbringen zu übertreten, oder würde ich es nicht fertigbringen?‹«

Hier endlich haben wir das wahre, eiskalte Motiv: Der Mord war ein Selbstversuch. Ein Experiment, mit dem Raskolnikow herausfinden wollte, wer er ist.

Eine befreiende Wirkung hat das Geständnis indessen nicht. Wie verstrickt Raskolnikow in seine teuflische Zweiteilung in Macht-Menschen und Ungeziefer bleibt, zeigt seine abschließende Erkenntnis, daß er »eben genau so eine Laus« ist wie alle anderen.

Auf solche theoretischen Abwege läßt sich Sofja aber gar nicht erst ein. Seine verzweifelte Frage, was er denn jetzt tun solle, beantwortet sie mit ihrer mächtigen und im besten Sinn russischen Aufforderung, als allererstes die verletzte Weltordnung wiederherzustellen (was Raskolnikow zunächst falsch versteht):

»›Was tun!‹ rief sie aufspringend aus, und ihre Augen, die bis jetzt voll Tränen gewesen waren, blitzten plötzlich. ›Steh auf!‹ (Sie packte ihn an der Schulter; er erhob sich, sah sie aber fast verwundert an.) ›Geh sofort, unverzüglich, stell dich auf einen Kreuzweg, knie nieder und küsse zuerst die Erde, die du entweiht hast, und dann verneige dich vor der ganzen Welt, in alle vier Richtungen, und sage vor allen Menschen laut: Ich habe getötet! Dann wird Gott dir wieder Leben geben. Wirst du gehen? Wirst du gehen?‹ fragte sie ihn, wie in einem Anfall am ganzen Körper bebend, dabei seine Hände umklammernd, und ihr brennender Blick sah ihn unablässig an. Er wunderte sich und war sogar erstaunt über ihre plötzliche Begeisterung.

›Du meinst die Zwangsarbeit, oder was, Sofja? Daß ich mich selbst anzeigen soll?‹ fragte er finster.

›Das Leiden auf sich nehmen und sich dadurch erlösen, das ist es, was man tun muß.‹«

Danach sitzen sie lange Zeit nur noch erschöpft und schweigend da, als hätte sie »ein Sturm allein an einen einsamen Strand gespült«.

Was jetzt noch im fünften und letzten Kapitel dieses Teils geschieht, könnte dem Leser geradezu belanglos scheinen, wäre da nicht der tragische Tod Katerina Iwanownas. Sie hat unter den Schicksalsschlägen der letzten Tage endgültig den Verstand verloren. Selbst schwindsüchtig und von einem Dauerhusten geplagt, bringt die Mutter ihren zwei Kleinsten bei, auf der Straße für Geld zu singen und zu tanzen, und schlägt sie, wenn sie sich nicht richtig drehen. Bemerkt sie einen besser gekleideten Menschen in der verlegen starrenden Zuschauermenge, so stürzt sie auf ihn zu und erläutert ihm ihre Herkunft »aus einem feinen, man kann sogar sagen aristokratischen Hause«.

Umsonst versuchen Sofja und Raskolnikow, die Wahnsinnige zu überreden, nach Hause zu kommen. Als ein Polizist ihr den nicht genehmigten Straßenauftritt vorhält, antwortet sie ihm, sie habe gerade ihren Mann beerdigt, sie brauche also keine Genehmigung.

Sie fällt hin, bleibt liegen, spuckt Blut (der Polizist fachmännisch: »Das kenne ich, das ist Schwindsucht; das Blut stürzt hervor, und man erstickt.«). Sie wird noch in Sofjas Zimmer getragen, die gaffenden Neugierigen – unter ihnen Swidrigailow – drängen bis unter die Tür nach. Das Ende des Todeskampfes weckt noch einmal die Erinnerung an das in Raskolnikows Alptraum getötete Kutschpferd:

»›Genug! ... Es ist Zeit! ... Leb wohl, Armselige! ... Die Schindmähre ist zu Tode gehetzt! ... Zum Ver-r-recken!‹ schrie sie verzweifelt und haßerfüllt laut auf und fiel mit dem Kopf auf das Kissen zurück.« Zuletzt teilt

Swidrigailow dem überraschten Raskolnikow mit, daß er für die Kinder der Verstorbenen finanziell sorgen wird und – dies kumpelhaft augenzwinkernd – daß er Raskolnikows vor Sofja abgelegtes Geständnis belauscht hat.

Sechster Teil und Epilog

In einer Arbeitsnotiz hat der Autor die Zerrissenheit Raskolnikows so festgehalten: »Swidrigailow – der verzweifeltste Zynismus. Sofja – die unrealisierbarste Hoffnung. (Es ist Raskolnikow selbst, der dies ausdrücken muß.) Er hat sich beiden leidenschaftlich verbunden.« Dostojewskij hat die Arbeitsanweisung befolgt, aber auch überschritten.

Raskolnikows Nähe zu Swidrigailow stammt nicht so sehr aus den deutlichen Versatzstücken des Schauerromans (etwa der Drohung, das belauschte Geständnis zur Erpressung gegen Awdotja zu benutzen); sie begründet sich vielmehr in Raskolnikows fataler Ähnlichkeit mit ihm. Er hat, wie Swidrigailow, seine dunklen Anlagen erkannt. Ja, er erwartet von dem Libertin sogar eine Art Lösung seines Identitätsproblems. Andererseits werden wir sehen, daß Swidrigailow nicht rettungslos verdorben, nicht nur zynisch ist. Ebenso sind Sofja und ihr Ausweg für Raskolnikow am Ende kein leeres oder gar irreales Versprechen.

Trotzdem bleiben beide, Swidrigailow und Sofja, die beiden widerstreitenden Pole in Raskolnikows noch unentschlossenem Charakter. Deshalb wird Porfiri jetzt vom Autor zugunsten des Sofja-Themas ein wenig zurückgestuft. Porfiri läßt nämlich jetzt sein listiges Tricksen sein und gibt (wenn auch auf eine von Raskolnikow mißverstandene Art) dem Verdächtigen einen ernst- und wohlgemeinten Ratschlag, ganz im Sinne Sofjas. Nach Swidrigailows vergeblichem Erpressungsversuch gegenüber Awdotja und seinem schließlichen Selbstmord wird dieser Rat den einzigen für Raskolnikow noch möglichen Weg ins Freie öffnen.

Bleibt der Epilog, der von allen Romanteilen die schärfste Kritik auf sich gezogen hat. Sie ist verständlich, wenn man den Blick auf Raskolnikows endliche »Bekehrung« einengt. Tatsächlich aber ist die Hauptfrage bis dahin noch immer ohne Antwort: Wie, wenn überhaupt, kommt Raskolnikow zum Verzicht auf seine Überlegenheitsphantasien? Wie kehrt der »Abgespaltene« aus der Kälte seiner ideologischen Selbstsucht zurück in ein Leben der Mitmenschlichkeit? Diese Frage wird erst auf der allerletzten Seite beantwortet, ein wenig abrupt, das ist wahr, aber vermutlich bewußt im Ausblick auf einen zweiten Raskolnikow-Roman (der, wie wir wissen, den Autor noch jahrelang beschäftigt hat, der aber nie geschrieben wurde).

Raskolnikow findet keine rechte Ruhe mehr, nicht in der Totenmesse für Katerina Iwanowna, nicht in der Kneipe, auch nicht im Gespräch mit Rasumichin, der den Freund fast für verrückt (oder für einen politischen Verschwörer) hält. Kurz nachdem Rasumichin gegangen ist, taucht Porfiri selbst in der Dachkammer auf.

Wieder redet er auf Raskolnikow ein, freundlich, höflich, umständlich, weitschweifig und ein wenig traurig. Er halte ihn »für einen bedrängten, aber stolzen herrischen und ungeduldigen, vor allem ungeduldigen Menschen«, immerhin mit einer Veranlagung zur Großmut – und einem solchen Menschen könne er seine Hereinlegerei nicht länger antun. Er wolle sich daher in aller Offenheit mit ihm über die bisherigen Ermittlungen aussprechen. Nikolai? Der sei doch nur ein religiöser Fanatiker, ein

Sektierer, der sich um der leidenden Welt willen selbst beschuldigt. Der wahre Mörder sei ein völlig anderer Typ:

»Es genüge ihm nicht, daß er einmal die Qual durchgemacht hatte, als er hinter der Tür stand und an der Tür gerüttelt und an der Klingel gerissen wurde – nein, er geht nachher noch einmal in die bereits leere Wohnung, geht in halber Bewußtlosigkeit hin, um sich dieses Läuten in Erinnerung zu bringen, um wieder diese Kälte im Rücken zu spüren ... Nun gut, zugegeben, dies ist in krankem Zustand geschehen, aber da ist noch etwas anderes: Er hat ermordet, hält sich aber trotzdem für einen ehrenwerten Menschen, verachtet alle Leute, wandelt als bleicher Engel umher – nein, das hat schon gar nichts mit Nikolai zu tun, lieber Rodion Romanowitsch, nein, hiermit hat ein Nikolai gar nichts zu schaffen.«

Und er sagt ihm den Mord auf den Kopf zu. Raskolnikow, jetzt ziemlich gereizt, hält das wieder für ein Verhörmanöver und fragt, warum Porfiri ihn dann nicht sofort verhaftet. Antwort: weil Raskolnikow sich selbst stellen soll; nicht eigentlich wegen der zu erwartenden Strafminderung, sondern dem Leben zuliebe (»›Seien Sie versichert: Es wird Sie geradewegs ans Ufer tragen und auf die Beine stellen.‹ ›An was für ein Ufer?‹ ›Woher soll ich das wissen? Ich glaube nur daran, daß Sie noch viel Leben vor sich haben.‹«). Zwei, drei Tage gibt er ihm noch, dann wird er ihn festnehmen.

Im nächsten Kapitel trifft sich Raskolnikow mit Swidrigailow in einem schmutzigen Restaurant und droht, ihn zu erschlagen, falls er mit dem belauschten Mordgeständnis Awdotja erpressen sollte. Swidrigailow bleibt davon unbeeindruckt und erzählt ihm lieber von seiner Schwäche für schöne Frauen und davon, wie auch ihn einmal, »um in Ihrem Stil zu reden, eine Frau ›retten wollte‹«.

Diese Frau, erklärt er im vierten Kapitel, war Awdotja. Mit seiner Ehefrau hatte er einen Vertrag geschlossen, der ihm gelegentliche Abenteuer mit dem Dienstpersonal erlaubte, nicht aber eine ständige Geliebte oder eine tiefe Leidenschaft. Awdotja nun hatte es sich zur Aufgabe gemacht, ihn von seinen sexuellen Eskapaden mit den Dienstmädchen abzubringen. Um Awdotja zu verführen, gibt Swidrigailow sich aufmerksam und reumütig, verdirbt aber dann doch alles durch seine plötzliche Unbeherrschtheit. Er bietet ihr sein ganzes Geld, die gemeinsame Flucht ins Ausland – umsonst. So war das also. Swidrigailow hat noch mehr Geschichten dieser Art parat, und immer spielt darin ein minderjähriges Mädchen die unglückliche Hauptrolle.

Berufskrankheit Eifersucht

Nikolai Nikolajewitsch Strachow hatte bei den Zeitschriften DIE ZEIT und DIE EPOCHE eng mit dem Herausgeber Dostojewskij zusammengearbeitet. Er war der Verfasser des Artikels ›Die Schicksalfrage‹, wegen dem DIE ZEIT verboten wurde. Später, aufgrund einiger Mißverständnisse, lebten sich die beiden Autoren auseinander, doch nach dem Tod des Autors wurde er Dostojewskijs erster Biograph. Am 28. November 1883 schrieb er an Tolstoi allerdings einen ziemlich bösartigen Brief (der 1913 veröffentlicht wurde):
»Ich will Ihnen, unschätzbarer Leo Nikolajewitsch, einen kurzen Brief schreiben, wiewohl ich ein sehr ergiebiges Thema habe …
Ich kann in Dostojewskij weder einen guten noch einen glücklichen Menschen sehen, was sich im Grunde gegenseitig bedingt, er war ein böser, neidischer, ausschweifender Charakter und hat sein ganzes Leben in steter Aufregung verbracht, die ihn armselig und lächerlich gemacht hätte,

Swidrigailow hinterbringt tatsächlich Awdotja das belauschte Geständnis Raskolnikows mit allen Einzelheiten und Beweggründen. Auf ihre Frage, ob er Raskolnikow alle Skrupel abspreche, meint er philosophisch:

»Ach, Awdotja Romanowna, jetzt hat sich doch ohnehin alles verwirrt und getrübt, das heißt übrigens, in besonderer Ordnung ist es wohl noch nie gewesen. Russische Menschen sind überhaupt breite Naturen, Awdotja Romanowna breit wie ihr Land, und überaus geneigt zum Phantastischen, zum Ungeordneten, Regellosen; aber es ist ein Unglück, breit angelegt zu sein ohne bestimmte Genialität.«

Er bietet an, Raskolnikow zu retten, es hänge alles nur von ihr ab. Awdotja lehnt ab. Swidrigailow verschließt die

wäre er dabei nicht so boshaft und gescheit gewesen. Er hielt sich, ebenso wie Rousseau, für den besten und glücklichsten aller Menschen. Gelegentlich seiner Biographie erinnerte ich mich lebhaft an diese seine Eigenschaften. […] Abscheulichkeiten zogen ihn an, er brüstete sich damit. Wiskowatow hat mir erzählt, Dostojewskij habe sich ihm gegenüber gerühmt, er habe im Dampfbad ein kleines Mädchen, das ihm dessen Gouvernante zugeführt hatte, mißbraucht. Bedenken Sie aber, daß er bei allen seinen tierischen Leidenschaften weder Geschmack noch Gefühl für Frauenschönheit hatte. Das sieht man aus seinen Romanen. Personen, die seinem Charakter am meisten entsprechen, sind der Held aus AUS DEM DUNKEL DER GROSSSTADT, Swidrigailow in RODION RASKOLNIKOW und Stawrogin in DIE DÄMONEN. Eine Szene aus den DÄMONEN, die Vergewaltigung, wollte Katkow nicht veröffentlichen. Dostojewskij aber hat sie vielen vorgelesen!«
Tolstoi hatte in seiner Antwort den Takt, auf diesen Teil des Briefes mit keinem Wort einzugehen.

Tür und droht ihr mit einer Vergewaltigung, die hier »sehr schwer zu beweisen« sei. Awdotja nimmt seinen Revolver, schießt auf Swidrigailow, trifft ihn aber nicht, er bittet sie um einen zweiten Schuß aus nächster Nähe, die Waffe blockiert. Er gibt ihr den Schlüssel: Sie soll »schnell« gehen (»Schneller! Schneller!« wiederholte Swidrigailow, ohne sich zu rühren oder umzuwenden.).

Das nächste, das sechste Kapitel bringt Swidrigailows Selbstmord. Vorher gibt er Sofja noch dreitausend Rubel, »für Sibirien«, es werde ihr von Nutzen sein, denn Raskolnikow, sagt er ihr hellsichtig, hat nur noch die Wahl zwischen der Verbannung und einer Kugel im Kopf. Auch der Familie seiner minderjährigen Braut bringt er einen hohen Geldbetrag. Dann nimmt er sich ein winziges, feuchtkaltes Zimmer in einem Hotel. Sexualphantastische Träume verfolgen ihn: von einer Maus, die ihm über die Haut läuft, von einem toten jungen Mädchen in einer südländischen Villa, schließlich von einer Fünfjähigen, die sich ängstlich hinter einem Schrank versteckt hat, er bringt sie in sein Bett, und sie wird zur Kind-Hure. Am Morgen erschießt er sich am Ufer der Newa vor den Augen eines Feuerwehrmanns (der ihm noch zuruft, daß so etwas hier verboten sei).

Nun ist es an Raskolnikow, seine Angelegenheiten zu regeln: Er besucht noch einmal die Mutter. Sie hat den »Übermensch«-Artikel gelesen, versteht kein Wort davon, bewundert aber ihren Sohn dafür nur um so mehr. Wieder kündigt er eine bevorstehende Reise an, versichert ihr aber seine Liebe, und unter Tränen nehmen Mutter und Sohn voneinander Abschied. In seiner Dachstube wartet Awdotja auf ihn. Ein letztes Mal, »in einem plötzlichen Anfall von Wut«, versucht er ihr gegenüber eine Verteidigung des Mordes: Niemals habe er sich stärker gefühlt als jetzt!

Aber ein ernster, mitleidvoller Blick der Schwester bringt ihn wieder zur Besinnung.

Bei Sofja angekommen, gibt er sich jedoch wieder zynisch: »Nun, wo sind denn die Kreuze?«, und als Sofja ihm das Holzkreuz um den Hals hängt, spottet er aufgeregt über »das Symbol dafür, daß ich das Kreuz auf mich nehme, haha!« Sofja beruhigt ihn, will ihn begleiten, er weist sie zurück: »Wozu ein ganzes Gefolge!«

Auf dem Heumarkt erinnert er sich an die Demutsgeste, zu der Sofja ihn aufgefordert hat, er zittert so sehr am ganzen Körper, »daß er sich nur so hineinstürzte in die Möglichkeit dieser ungeteilten, neuen, vollen Empfindung«. Er kniet sich vor allen Leuten nieder und küßt glücklich »die schmutzige Erde«. Die Umstehenden halten ihn für einen Betrunkenen, einen Pilger, einen Irren.

»All diese Zurufe und Bemerkungen hielten Raskolnikow zurück, und die Worte ›Ich habe getötet!‹, die vielleicht schon auf seiner Zunge bereit waren, erstarben in ihm. Die Zurufe aber nahm er in Ruhe hin und ging, ohne sich umzusehen, geradeaus durch die nächste Gasse zum Polizeibüro. Unterwegs merkte er irgendwie, daß jemand ihm folgte, aber er war darüber nicht erstaunt; er hatte es schon geahnt, daß es so kommen werde und auch müsse. Als er sich auf dem Heumarkt zum zweiten Mal bis zur Erde verneigt hatte, nach links, hatte er fünfzig Schritte entfernt Sofja erblickt.«

Auf dem Polizeirevier weicht er ein letztes Mal vor dem entscheidenden Schritt zurück, geht wieder hinaus, sieht Sofja im Hof und kehrt zurück, um seine Aussage zu machen.

Der kurze Epilog spielt anderthalb Jahre später. Er beginnt mit einem Rückblick auf die Verhandlung und das

»wegen geistiger Verwirrung« und anderer günstiger Umstände milde Urteil. Dann im Zeitraffer die weitere Familiengeschichte: Rasumichin heiratet erwartungsgemäß Awdotja, Raskolnikows Aufenthalt wird vor der Mutter geheimgehalten, aber sie stirbt bald darauf an einer Art »innerer Unruhe«.

Sodann das Straflager selbst (das der Autor ja aus eigener achtjähriger Anschauung kannte): Raskolnikow verhält sich emotionslos, achtlos gegen Äußerlichkeiten, und ärgert sich anfangs sogar über Sofjas Besuche am Lagertor oder später in der Wachstube. Er wird krank. Die Ursache der Krankheit ist nicht etwa das strapaziöse Lagerleben, sondern der verwundete Stolz.

»Er ging aber streng mit sich ins Gericht, und sein vor Ingrimm verbittertes und verstocktes Gewissen konnte in seiner Vergangenheit keine besondere Schuld finden, außer einem gewissen *Fehlschlag*, der jedem passieren kann. Er schämte sich hauptsächlich deswegen, daß er, Raskolnikow, so blind, so hoffnungslos, still und dumm, infolge eines Spruches des blinden Schicksals, zugrunde gegangen war, und daß er sich vor der ›Sinnlosigkeit‹ irgendeines Urteils beugen und ergeben mußte, wenn er einigermaßen zur Ruhe kommen wollte.«

Er empfindet die kühle Distanz zu seinen Mitmenschen und fragt sich gleichzeitig, warum Sofja von allen Gefangenen so sehr bewundert und verehrt wird. Und dann, wie ein unverdientes Geschenk, widerfährt ihm die Befreiung. An einem klaren, warmen Tag, während er nachdenklich in die Steppe hinausschaut, steht plötzlich Sofja neben ihm:

»Sie waren allein, niemand sah sie. Der Wachposten hatte gerade kehrtgemacht.

Wie es dann kam, wußte er selbst nicht, aber plötzlich war es ihm, als werde er von etwas erfaßt und zu ihren

Füßen hingeworfen. Er weinte und umfaßte ihre Knie. Im ersten Augenblick erschrak sie heftig, und ihr Gesicht wurde totenblaß. Sie sprang auf und sah ihn zitternd an. Aber dann begriff sie blitzschnell alles. In ihren Augen leuchtete ein grenzenloses Glück auf; sie hatte verstanden, und es gab für sie keinen Zweifel mehr, daß er sie liebte, unermeßlich liebte, und daß dieser Augenblick endlich doch gekommen war …

Sie wollten einander wohl etwas sagen, aber sie konnten es beide nicht.«

Erinnerungsphasen

Der Nationalschriftsteller

Der Roman war schon ab dem Erscheinen der ersten Kapitel im RUSSISCHEN BOTEN im Januar 1866 ein ungeheurer Publikumserfolg. Der letzte Teil kam erst im Januar 1867 heraus, der ganze Text wurde aber im gleichen Jahr auch schon als Buch veröffentlicht. Monatelang sprach man in den gebildeten Kreisen St. Petersburgs über nichts anderes als über den »neuen Dostojewskij«.

Das allgemeine Interesse wird uns vielleicht verständlich, wenn wir uns die innere Unruhe der Zeit vorzustellen versuchen. Rußland erlebte unter Zar Alexander I. eine Epoche tiefgreifender Umbrüche: Die Leibeigenschaft wurde aufgehoben, Justiz und Wirtschaft erfuhren eine – wenn auch kontrollierte – Liberalisierung. Die öffentliche Diskussion über das Für und Wider dieser Maßnahmen verlief außerordentlich lebhaft, auf beiden Seiten schlugen die politischen Leidenschaften hoch: bei den nach Europa orientierten, reformfreudigen, linken »Westlern« nicht weniger als bei den traditionell auf Rußland eingeschworenen »Slawophilen«.

Die lesende Jugend dieser Zeit erwartete da von einem großen Roman nicht bloß Amüsement, sondern vor allem Definitions- und Deutungshilfe. Und Dostojewskij selbst war ja zu sehr aktiver Diskussionsteilnehmer gewesen, um sich solchen Erwartungen beim Schreiben von SCHULD

UND SÜHNE entziehen zu können. Wenn wir uns an den unsympathischen Luschin und seine Prinzipien einer »modernen« Wirtschaft erinnern, auch an die karikierende Wiedergabe einer Milieutheorie des Verbrechens oder der neuen »herrschaftsfreien« Wohnformen – dann erkennen wir, auf welcher Seite der politischen Debatte Dostojewskij ideologisch stand: offenbar nicht mehr in den Reihen der sozialistischen Reformer. Daß dieser Standpunkt auch große Teile der Intelligenzija enttäuschte, trug dem Autor Widerspruch ein – und steigerte seine Bekanntheit nur noch.

Diesmal hat der Autor seinen plötzlichen Ruhm auch nicht so unbedacht verspielt wie zuvor nach dem Erscheinen von ARME LEUTE. Er hatte, sollte man hinzufügen, auch gar keine Zeit dazu. Denn ihm saß ja noch der Verleger Stellowski im Nacken, dem Dostojewskij bis zum 1. November 1866 einen Roman abzuliefern hatte. Mitten in der Arbeit an SCHULD UND SÜHNE fiel ihm der Knebelvertrag wieder ein, und er machte sich an die Niederschrift. Zur schnelleren Fertigstellung des Manuskripts engagierte er Anfang Oktober eine junge Stenographin, Anna Grigorjewna Snitkina, und diktierte ihr in 26 Tagen den Roman DER SPIELER (dessen schmales Honorar, wie wir wissen, längst verbraucht ist). Die praktisch veranlagte und immer verständnisvolle Anna wird nicht nur seine Arbeitskraft, sondern bald – schon im Februar 1867 – seine Frau.

Seine Schulden kann er auch mit den jetzt üppigeren Einnahmen nicht abtragen. Also versteckt sich das Ehepaar vor den drohenden Gläubigern wieder in Westeuropa. Vier Jahre sind sie auf der Flucht: Dresden, Bad Homburg, Baden-Baden, dann Basel, Genf und Vevey, schließlich Mailand und Florenz. Anna muß sich nicht nur

Eine Liebeserklärung

Anna Grigorjewna Dostojewskaja in ihren ERINNERUNGEN über den 8. November 1866, als Dostojewskij, für den sie damals seit sechs Wochen als Stenographin tätig war, ihr von einem neuen Roman erzählte:
»Nur mit dem Ende kann ich nicht recht ins reine kommen. Hier spielt die Psychologie eines jungen Mädchens mit. Wenn ich in Moskau wäre, hätte ich meine Nichte, Sonetschka, darüber befragt, und nun will ich mich an Sie um Hilfe wenden.« Voll Stolz machte ich mich daran, dem großen Dichter »zu helfen«.
»Wer ist denn der Held Ihres Romans?«
»Ein Künstler, kein junger Mensch mehr, kurz – in meinem Alter.« – »Erzählen Sie, erzählen Sie bitte«, sagte ich voll Interesse für den neuen Roman ... Ich konnte mich, als mir die Ähnlichkeit Fjodor Michailowitschs mit dem Helden offenbar geworden war, nicht zurückhalten, ihn zu unterbrechen: »Warum benachteiligen Sie Ihren Helden so sehr, Fjodor Michailowitsch?«
»Ich sehe, daß er Ihnen unsympathisch ist.« – »Im Gegenteil, sehr sympathisch. Er hat ein wundervolles Herz. Bedenken Sie nur, wieviel Unglück ihn betroffen hat und mit welcher Demut er es ertragen hat! Ein anderer, der soviel Böses erfahren, wäre sicher hart und roh geworden, Ihr Held jedoch liebt die Menschen immer noch und kommt ihnen zu Hilfe. Nein, Sie sind ihm gegenüber ganz ungerecht.«
»Ja, ich bin Ihrer Meinung, er hat wirklich ein gutes, liebevolles Herz. Und wie ich mich freue, daß Sie ihn verstanden haben! Und nun sehen Sie«, setzte Fjodor Michailowitsch seine Erzählung fort, »in diesem entscheidenden Augenblicke seines Lebens begegnet der Künstler einem jungen Mädchen

damit abfinden, daß ihr Mann regelmäßig das letzte Reisegeld beim Roulette verspielt: In Genf, am 12. Mai 1868, stirbt ihre nur zweieinhalb Monate alte erste Tochter Sofja

Ihres Alters oder vielleicht um ein bis zwei Jahre älter als Sie. Nennen wir sie Anja, um nicht immer die ›Heldin‹ sagen zu müssen. Anja ist ein hübscher Name … Ist es denn möglich, daß dieses Mädchen trotz ihres ganz verschiedenartigen Charakters und dem großen Altersunterschied meinen Künstler je hätte liebgewinnen können? Darüber wollte ich Ihre Meinung kennenlernen, Anna Grigorjewna.«
»Warum halten Sie es denn für unmöglich? Wenn Ihre Anja, wie Sie sagen, nicht eine leere Kokotte ist, sondern ein gutes, feinfühliges Herz hat, warum sollte sie Ihren Künstler nicht liebgewinnen können? Was liegt daran, daß er krank und arm ist? Kann man denn jemanden wirklich nur des Äußeren wegen lieben – oder um des Reichtums willen? Und was hätte sie da geopfert? Wenn sie ihn liebt, wird sie selbst glücklich sein und es nicht nötig haben, dies jemals zu bereuen!«
Ich hatte mit großer Wärme gesprochen, Fjodor Michailowitsch schaute mich voll Erregung an. »Und denken Sie im Ernst daran, daß sie ihn aufrichtig und für das ganze Leben liebgewinnen könnte?« Er schwieg, als wäre er unentschlossen. »Setzen Sie sich in Gedanken für einen Augenblick an ihre Stelle«, sagte er mit bebender Stimme. »Stellen Sie sich vor, dieser Künstler wäre ich. Daß ich Ihnen eine Liebeserklärung machte und Sie bäte, meine Frau zu werden. Sagen Sie, was würden Sie mir darauf antworten?«
Das Gesicht Fjodor Michailowitschs war so voll Verwirrung und Qual, daß ich endlich begriff, daß es sich hier um keine literarische Unterhaltung handelte, und wie furchtbar ich sein Selbstgefühl und seinen Stolz verletzen würde, wenn ich eine ausweichende Antwort gäbe. Ich blickte in das mir so teuer gewordene, erregte Gesicht Fjodor Michailowitschs und sagte: »Ich würde Ihnen antworten, daß ich Sie liebe und das ganze Leben lang lieben werde.«

(die nach der Sofja aus SCHULD UND SÜHNE benannt wurde). Die zweite Tochter kommt ebenfalls auf der Reise zur Welt, 1869 in Dresden. Nach der Rückkehr 1871 nimmt

Dostojewskij eine mittelmäßig bezahlte Stellung als Redakteur bei der Zeitschrift DER STAATSBÜRGER an. Im gleichen Jahr wird dem Ehepaar der Sohn Fjodor geboren. Dostojewskij leidet wieder stärker unter epileptischen Anfällen. Seine Schulden belaufen sich zeitweise auf die erdrückende Summe von dreißigtausend Rubeln.

Im Rückblick erscheint es unglaublich, daß in diesen äußerlich glücklosen Jahren in schneller Folge die anderen vier großen Romane entstehen: DER IDIOT (erscheint seit 1868), DIE DÄMONEN (1871), DER JÜNGLING (1875) und DIE BRÜDER KARAMASOW (1879).

Zwei Ehrungen erreichen den Autor noch vor seinem Tod (»im dreiundreißigsten Jahr seiner Tätigkeit einigermaßen verspätet«, wie Anna kritisch kommentiert). Die eine ist ein Brief, den er am 6. Februar 1878 in Händen hält:

»Die kaiserliche Akademie der Wissenschaften hat Sie, sehr geehrter Herr, in dem Bestreben, Ihnen ihre Verehrung für Ihre literarischen Werke auszudrücken, zum korrespondierenden Mitglied der Abteilung für Russische Sprache und Literatur gewählt.« Die andere Ehrung ist die berühmt-berüchtigte Rede zur Enthüllung des Puschkin-Denkmals am 8. Juni 1880.

Schon zu Beginn der Rede läßt man Dostojewskij minutenlang nicht sprechen – so überwältigend ist der Begrüßungsapplaus, und zwar, wie er noch am gleichen Abend seiner Frau schreibt, »alles wegen der ›Karamasows‹«. Selbstverständlich kommt er gegen Ende seiner einstündigen Festansprache auch auf die politische Lage Rußlands zu sprechen. Dabei zeigt er aber einen deutlichen Willen zum Ausgleich zwischen den »Westlern« und den »Slawophilen« und entdeckt sogar in der Reform Peters des Großen etwas überraschend Gutes:

»Sie war doch nicht nur eine Aneignung europäischer Kleider, Sitten, Erfindungen und der europäischen Wissenschaft. Erfassen wir recht, was sie war und wie sie war, betrachten wir sie aufmerksamer. Ja, es ist sehr leicht möglich, daß Peter sie anfänglich nur in diesem Sinne einführte, ich meine, in eng utilitaristischem Sinne; aber in der Folge, bei der weiteren Entwicklung seiner Idee, hat Peter sich fraglos von einem gewissen unbewußten Spürsinn leiten lassen, der ihn zu zukünftigen und selbstverständlich großen Zielen trieb. Ebenso hat auch das russische Volk nicht nur aus Utilitarismus die Reform angenommen, sondern mit einer gewissen Vorahnung, ein viel weiteres, ein unvergleichlich höheres Ziel erreichen zu müssen, als es der nächstliegende Utilitarismus je sein könnte, das hat es herausgefühlt – natürlich gleichfalls unbewußt, aber doch unmittelbar und tief lebendig. Da setzte mit einem Mal dieses Streben ein, zur lebendigen Wiedervereinigung der Menschen, zu einer, sagen wir: universalen Einigung!«

Den politischen Kampf der widerstreitenden Richtungen erklärt er kurzerhand zum »großen Mißverständnis«, denn immer schon habe Rußland »Europa gedient, und das vielleicht in einem noch weit höheren Maß als sich selbst ... Die Völker Europas wissen ja nicht einmal, wie teuer sie uns sind!« Die Armut und Rückständigkeit des Landes sei ein Zeichen seiner Auserwähltheit, ja, der religiöse Beweis für seine europäische Mission: »Mag unser Land arm sein, aber dieses arme Land hat ›Christus in Bettlergestalt durchwandert und dabei gesegnet‹. Ja, warum sollten wir nicht trotz unserer Armut sein letztes Wort in uns tragen können? Ist nicht auch er in einer Krippe zur Welt gekommen?«

Und Dostojewskij schließt mit Puschkin als dem zu früh gestorbenen Bannerträger, dessen politisches Erbe

Verpflichtung sei: »Er hätte uns vielleicht noch große und unsterbliche Gedanken der russischen Seele offenbart, die unseren europäischen Brüdern bereits verständlicher sind, und die diese uns näherbringen würden, als sie uns jetzt stehen. Er hätte ihnen vielleicht die ganze Wahrheit unserer Bestrebungen erklärt, und sie würden uns jetzt besser verstehen, hätten es leichter, unser Wesen zu deuten, und würden eher aufhören, so mißtrauisch und hochmütig auf uns herabzusehen, wie sie es jetzt tun und noch lange tun werden. Hätte Puschkin länger gelebt, dann gäbe es vielleicht auch zwischen uns Russen weniger Mißverständnisse und Streitigkeiten, als es jetzt zwischen uns gibt. Aber Gottes Ratschluß war anders. Puschkin starb in der Blüte seiner Jahre und seines Könnens, und er hat fraglos ein großes Geheimnis ins Grab mitgenommen, so daß wir jetzt versuchen müssen, dieses Geheimnis ohne ihn zu enträtseln.«

Die Reaktion auf diesen Redeschluß ist auch für ihn überraschend. »Die Menschen im Publikum weinten«, schreibt er an Anna, »Fremde fielen sich in die Arme und brachen in Tränen aus und *schworen einander, bessere Menschen zu sein, sich in Zukunft nicht mehr zu hassen, sondern zu lieben.* Der Verlauf der Sitzung wurde gestört: Alle stürzten zu mir aufs Podium, vornehme Damen, Studenten, Staatssekretäre und wieder Studenten – all das umarmte und küßte mich. Alle Mitglieder unserer Gesellschaft, die sich auf dem Podium befanden, umarmten und küßten mich; alle, buchstäblich alle, weinten vor Begeisterung. Der Applaus dauerte wohl eine halbe Stunde, man winkte mir mit Taschentüchern zu.« Noch als er sich hinter die Kulissen retten will, stürzen ihm die Menschen nach, »insbesondere die Frauen«, jubelnd, weinend, der kollektiven Ohnmacht nah. Eine alle Gräben überflutende Versöhnungslust, »eine einzige Hysterie« (so nennt es der Gefeierte selbst). Wir, im Westen, reiben uns erstaunt die Augen vor diesem Gemenge aus Religiosität, Sendungsbewußtsein und politischem Gefühlsüberschwang. Und es hilft dem Verständnis auch nicht weiter, wenn wir wissen, daß kaum eine Woche nach der wundersamen Bekehrung die Polemik zwischen den ideologischen Fronten in alter Schärfe weiterging. Aber bevor wir das Ereignis im schlechten Sinn als »typisch russisch« abtun, sollten wir uns fragen lassen, ob wir gegenüber so freigiebiger Wärme nicht oft zu unterkühlt auftreten, zu wenig begeisterungsfähig.

Ein knappes Jahr später stirbt Dostojewskij. Nachts (am 26. Januar 1881) ist ihm während der Arbeit der Federhalter unter die Kommode gerollt; da er ihn gern zum Zigarettenstopfen verwendet, rückt er die schwere Kommode zur Seite, eine Lungenader platzt, und Dostojewskij erleidet einen ersten Blutsturz. Als er es morgens um ein Uhr in aller Ruhe Anna erzählt, holt sie sofort den Arzt. Der Zustand des Kranken verschlimmert sich. Sie gibt ihm das Neue Testament in die Hand, das ihm in Tobolsk die Dekabristenfrauen geschenkt hatten. Am Abend des 28. Januar stirbt Dostojewskij in den Armen seiner Frau.

Zur Einsegnung kann sich Anna mit den beiden Kindern kaum einen Weg durch die Menge bahnen, und dann verlangt man auch noch ihren Ausweis: Es seien schon ein paar Witwen Dostojewskij da gewesen, alle in Schwarz, teils allein, teils mit Kindern. Nach dem Requiem finden die Mönche keine einzige Zigarettenkippe zwischen den Kirchenbänken (sonst rauchen hier während einer langen Messe immer ein paar Leute). Am 1. Februar wird der Tote auf dem Friedhof des Alexander-Newski-Klosters feierlich beerdigt. Sechzigtausend Menschen haben den Sarg begleitet, am nächsten Morgen ist das Grab von 74 Kränzen bedeckt.

Der Weg zur Kanonisierung

In Deutschland war man sofort nach dem Erscheinen von SCHULD UND SÜHNE auf den Roman aufmerksam geworden, nachdem er im MAGAZIN FÜR LITERATUR DES AUSLANDES schon 1867 ausführlich besprochen wurde. Auf die erste Übersetzung, von Wilhelm Henckel, mußte man dann allerdings bis 1882 warten. Danach aber kamen in schneller Folge gleich drei weitere Übersetzungen hinzu.

Obwohl der europäische Naturalismus sich für den Realismus Dostojewskijs empfänglich zeigte, sah es bis fast zur Jahrhundertwende so aus, als schreite Dostojewskij nur an der Hand des großen Tolstoi dem literarischen Parnaß entgegen, so häufig wurden im westlichen Europa die beiden Namen zusammen genannt. Freilich, auch Tolstoi suchte manche seiner Helden im »einfachen Volk«. Aber Dostojewskij selbst hat das unerhört Neue seiner Romane selbst von Tolstoi abgegrenzt, indem er dessen Werke – nach dem gebührenden Lob – ironisch als »Gutsbesitzerliteratur« einstuft: »Diese Literatur hat schon alles gesagt, was sie zu sagen hatte (großartig bei Leo Tolstoi). Aber dieses im höchsten Grade gutsherrliche Wort ist doch nicht das letzte gewesen.«

Anfangs stand er durchaus im Schatten des schon Weltberühmten. In Paris zum Beispiel wurde die Aufführung von Tolstois frühem Drama MACHT DER FINSTERNIS 1888 ein Triumph, die Kritik sprach von einem »moralische Wunder wirkenden Autor«; dagegen schaffte die Bühnenfassung von SCHULD UND SÜHNE kurz danach in derselben Stadt nur einen Achtungserfolg. Selbst Turgenjew war für Westeuropa lange Zeit der geeignetere Interpret Rußlands als der finstere, »extreme« Dostojewskij.

Friedrich Nietzsche indessen, wenig verwunderlich, fühlte sich schon früh zu Dostojewskij hingezogen. Es gibt gute Belege dafür, daß Zarathustras Rede »Vom bleichen Verbrecher« geradewegs von der Figur Raskolnikow inspiriert ist, wobei natürlich jeder Erlösungsgedanke des Romans weggeblendet wird. Solch auswählende Übernahme ist bereits etwas wie eine Vorschau auf das immer wieder – auch politisch – umstrittene Verständnis Dostojewskijs im Westen, speziell zwischen den Weltkriegen.

Eine heute schier unverständliche Vereinnahmung des Romanciers vollzog ein Schriftsteller der »konservativen Revolution« in Deutschland: Moeller van den Bruck. Ihm gefielen bei Dostojewskij vor allem die Ablehnung des westlichen Kapitalismus und der Gedanke einer »nationalen Sendung« – das traf sich mit Arthur Moeller van den Brucks eigenem, recht völkischem Ideengut (aus dem er später auch noch den folgenreichen Buchtitel-Begriff »Das Dritte Reich« herauspräparierte). Wir haben ihm aber zugleich die erste Gesamtausgabe der Werke Dostojewskijs in deutscher Sprache zu verdanken. Er hatte die Romane schon 1905 in Paris kennengelernt und schlug Reinhard Piper umgehend eine Gesamtausgabe vor. Auch eine Übersetzerin offerierte er dem Verleger, und zwar seine Schwägerin Lees Kaerrick, die unter dem lange gehüteten Pseudonym E. K. Rahsin die Übertragung des Dostojewskijschen Œuvres zu ihrer Lebensaufgabe machte. Im Jahr 1960 erhielt sie dafür den Johann-Heinrich-Voss-Preis der Deutschen Akademie für Sprache und Dichtung.

Einen ganz anderen Gedankengang als der Rechtskonservative, ja, das glatte Gegenteil entnahm der Expressio-

Lyrische Widmung

Typisch für die Zeitstimmung war Johannes R. Becher, dreißig Jahre vor seiner Linientreue zur DDR, der den Romancier lyrisch-direkt ansprach:

An Dostojewski

Es donnert Wind. Gewaltige Bahnen ziehen.
Denn deine Flächen, Erde, sind durchbraust.
Du preist den Marsch aus unverfälschten Knieen.
Das Urwald-Menschgesicht ist aufgetaucht:

Mit Traum-Geschrei und angstzerknüllten Blättern.

Es furcht der Mond durch eine letzte Nacht.
Den Luft-Raum aber wünsch-kühn zu durchklettern

Bin wunderbar ich plötzlich aufgewacht.

In dieser Zeit verruchter Böen ankern –
Wer setzt den Mast auf das gejagte Schiff?!
Stern der Legende: Der Gewalt-Gedanke
Verfärbt im Blitz-Sturm Deiner Ewigen Schrift.

nismus den Romanen Dostojewskijs. In der Krise nach dem Ersten Weltkrieg entdeckte er hier so etwas wie die prinzipielle Unerlösbarkeit, die Ur-Chaotik der Welt. Für zahlreiche Schriftsteller der Epoche wird Dostojewskij nun unaufhaltsam Anreger und bewundertes Vorbild. Franz Kafka nannte ihn in einem immer wieder zitierten Brief seinen »Blutsverwandten«, und wir wissen, daß er in seiner Bibliothek SCHULD UND SÜHNE stehen hatte, eine zweibändige Piper-Ausgabe von 1908 mit dem Titel »Rodion Raskolnikoff«, noch in der Übersetzung von Michael Feofanoff.

Rainer Maria Rilke hatte sich auf Rußland so intensiv eingelassen wie wenige seiner Zeit. Tolstois religiöser Fanatismus lag ihm dabei fern, er bevorzugte statt dessen Dostojewskij, der ihm »die Tiefen menschlicher Seelen an Russen erschloß«, und seine Bücher, »in denen mir, wie nirgends sonst, das Rußland begegnet, das meine Reisen mir gegeben haben, wie ein zweites überlebensgroßes Herz, darin alles, was mir Leid oder Liebe oder Sehnsucht ist, noch einmal unendlich und riesig vor sich geht«.

In den ersten Jahrzehnten des 20. Jahrhunderts besetzt Dostojewskij allmählich auch die Theaterbühne, in Rußland ebenso wie in Polen und Italien, besonders aber in Prag mit Frantisek Goetz' aufsehenerregender Inszenierung von SCHULD UND SÜHNE. In Deutschland diskutieren dagegen die Theaterleute darüber, ob man Dostojewskij überhaupt szenisch darstellen darf, und so bleibt es oft nur bei einer Lesung einzelner Monologe, zum Beispiel in den »schwach besuchten« Vorstellungen des Berliner Volkstheaters 1920.

Und kaum hat sich das neue Medium Film durchgesetzt, wird in Moskau schon 1913 der erste Spielfilm nach dem Raskolnikow-Roman gedreht, PRESTUPLENIE Y NAKAZANIE von I. Vronski.

Das Dostojewskij-Jahr 1921

An seinem hundertsten Geburtstag war Dostojewskij in Europa nicht nur einer der meistgelesenen Schriftsteller – man las ihn auch noch gierig. Es gab kaum einen bekannten Autor, der Dostojewskij nicht studiert hätte. Jakob Wassermann, Franz Werfel, Gerhart Hauptmann, Alfred Döblin, Oskar Maria Graf, Stefan Zweig, Hans Fallada,

Heinrich Mann und Werner Bergengruen (sein späterer Übersetzer), aber auch Joachim Ringelnatz hatten sich energisch mit seinem Werk beschäftigt. In ihren Augen stellte Dostojewskij gewissermaßen die Leitfragen der Epoche, formulierte (wie der einflußreiche Publizist Hermann Bahr sagte) »das Problem unserer Zeit« und zeigte »in der größten Krisis des europäischen Gewissens die einzige Rettung«. Wie im aufgewühlten Rußland der sechzig Jahre vorher suchte man jetzt auch im westlichen Europa geistige Orientierung und fand sie in Dostojewskijs Kritik einer seelenlosen Moderne.

Im Jubiläumsjahr veröffentlichte Hermann Hesse seinen Essay-Band BLICK INS CHAOS, eine ernste Auseinandersetzung mit der »Dostojewskij-Welle« seiner Zeit, die er als Gefahr und zugleich als Chance sah. »Daß die europäische, zumal die deutsche Jugend«, schreibt er, »Dostojewskij als ihren großen Schriftsteller empfindet, nicht Goethe, auch nicht einmal Nietzsche, das scheint mir für unser Schicksal entscheidend.« Einerseits ist der Menschentyp, den Dostojewskij bietet, für ihn »der kommende, schon nahe Mensch der europäischen Krisis«. Er hofft aber, den »heraufgebrochenen Urtrieb«, so verbucht er die zeitgenössische Dostojewskij-Begeisterung positiv, einem noch undefinierten »Guten« dienstbar machen zu können, um im Chaos, »an den Wurzeln unseres Seins vergessene Triebe und Entwicklungsmöglichkeiten aufzufinden«. Diesen Weg müsse aber jeder allein gehen, »jeder für sich«. Das grandiose Mißverständnis Dostojewskijs in dieser Forderung »jeder für sich« liegt auf der Hand. Hesse wählte dann ja auch, allein und konsequent, seinen indisch-okkulten Weg in die Selbstfindung.

Noch ganz im expressionistischen Stil drehte dann 1923 Robert Wiene seinen Film RASKOLNIKOW – SCHULD

UND SÜHNE. In seiner hektischen, bedrohlichen Großstadtkulisse stehen die Häuser verzerrt und schief (auffallend: genauso hatte Dostojewskij ja schon Sofjas Zimmer beschrieben), und während des Verhörs durch Porfiri wächst im Hintergrund ein Schattenmuster zum engmaschigen Spinnennetz heran, in dem sich Raskolnikow verfangen wird.

Eine andere, erheblich differenziertere Aufnahme wurde Dostojewskij in den Vereinigten Staaten zuteil.

Viele große Schriftsteller kannten ihn zwar, fanden ihn aber nicht übermäßig interessant oder gar innovativ. Eine durchgehend traditionelle Literaturkritik nannte ihn düster, »morbid, ungesund und unbekömmlich«, »leer und formlos«. Henry James karikierte Dostojewskijs (aber auch Tolstois) Charaktere als »bauschige Monster«.

Eine ambivalente Haltung nahm Hemingway ein. Er las während seines Aufenthalts in Paris (1921 bis 1926) hintereinander alle russischen Klassiker. Die klare Sprache Tolstois und Turgenjews war ganz nach seinem Geschmack, in Dostojewskijs wortreicher Schreibweise vermißte er sie, konnte sich aber der lebendigen Wirkung einiger Szenen dennoch nicht entziehen: »Manches war so wahr, daß es einen beim Lesen veränderte.«

Das Urteil von Thomas Wolfe (SCHAU HEIMWÄRTS, ENGEL) ist auf den ersten Blick fast ebenso zwiespältig: »Ich habe nie einen obskuren Schriftsteller entdeckt, der ein so großer Romancier ist wie Dostojewskij.« Der religiös veranlagte Wolfe war ein überzeugter Anhänger des Russen und hat ihm ein eigenes Denkmal gesetzt: In dem Roman »Geweb und Fels« versucht der junge Monk Webber, seinen ignoranten Kommilitonen Dostojewskij nahezubringen. Auch William Faulkner, in seiner Beschreibung einer zerfallenden Gesellschaftsordnung (hier: der Südstaaten), war nach eigener Aussage von Dostojewskij stark beeinflußt. Und dann ist in diesem Zusammenhang noch der große Außenseiter der amerikanischen Literatur zu nennen: Henry Miller. Seine Romane PLEXUS und NEXUS mit ihren unzähligen Dostojewskij-Gesprächen sind zwar erst nach dem Zweiten Weltkrieg erschienen, geben aber seine entscheidenden literarischen Europa-Begegnungen aus den zwanziger Jahren wieder.

1935 entstand mit Josef von Sternberg als Regisseur wieder ein Film zu SCHULD UND SÜHNE (mit Peter Lorre als Raskolnikow). Die Kritiker lobten den visuellen Einfallsreichtum und die filmische Erzähltechnik (fanden das Ganze aber nicht so »spannend« und »charmant« wie den gleichzeitig in Frankreich gedrehten Raskolnikow-Film von Pierre Chenal). Die Botschaft des Sternberg-Films ist gegenüber dem Roman typisch geglättet: »Nicht Fragen der Existenz und der Sinnerfüllung in einer atheistischen und materialistischen Welt … werden in Sternbergs Film bearbeitet, sondern Fragen des richtigen Handelns, denen sich das Individuum und die Familie … in einer Phase gegenübersehen, als der amerikanische Traum in Gefahr scheint« (Stefan Kleßmann). Für das allgemeine Publikum der USA war Dostojewskij einfach zu sehr Europäer.

Verwertungsgesellschaften

Die Zehntausende, die den toten Dostojewskij zum Alexander-Newski-Kloster begleiteten, waren kein bestellter Honoratiorenzug, das wäre in drei Tagen auch gar nicht zu machen gewesen, sondern eine spontane Versammlung der »kleinen Leute«. Hans Erich Nossack hat sich einmal nach dem Grund gefragt, da der späte Dostojewskij doch kaum noch der »Linken« zuzurechnen war: »Aber warum sind trotzdem seinem Sarg nicht nur konservative Staatsbeamte gefolgt, sondern in großer Menge und ganz spontan auch Studenten und Arbeiter? Warum empfand ihn das Volk als einen Vorkämpfer? Wenn wir genauer hinhorchen, und dazu sind wir heute in der Lage, so ist das Mitleid nicht zu überhören, das Dostojewskij mit den Menschen hat, die nicht identisch sind mit dem Programm, dem sie sich verschreiben ... Und geht Dostojewskij trotz seiner Fehlurteile nicht weit über die jeweilige geschichtliche Revolution hinaus und ist in einem geschichtslosen Sinne der ewige Revolutionär? Warum ist er für marxistische Dogmatiker so schwer zu verdauen? Seine antisozialistischen Thesen kann man belächeln, sie tun keinem System mehr weh, aber seine Warnung vor jedem System, das zum Selbstzweck wird, kann kein Funktionär dulden, ganz gleich, ob kapitalistischer oder marxistischer Schattierung.«

Das war (1971) ein freundlicher und in seiner Schlußfolgerung zutreffender Nachruf, aber er verdeckt die Tatsache, daß Dostojewskij im 20. Jahrhundert sehr wohl von politischen Leidenschaften vereinnahmt wurde und erstaunlicherweise gleich von beiden Seiten des Spektrums, von links ebenso wie von rechts. Dies hatte 1934 bereits der Sozialpsychologe Leo Löwenthal bemerkt: »Bekanntlich enthalten viele politische Organe von den Konservativen über den Nationalliberalismus bis zur politischen Linken [...] repräsentative Auseinandersetzungen mit Dostojewskij.«

Rosa Luxemburg zum Beispiel nennt zwar den späten Dostojewskij einen »ausgesprochenen Reaktionär, frömmelnden Mystiker und Sozialistenhasser« (1922), erkennt aber mit sicherem Blick seinen ganz und gar nicht reaktionären »Ausgangspunkt«, nämlich »weitherzigste Menschenliebe und tiefstes Verantwortungsgefühl für soziales Unrecht«. Gerade dieses Mitgefühl, stellt sie fest, ergibt »die Eigenart und künstlerische Größe der russischen Literatur«.

Die Darstellung Rosa Luxemburgs ist auch heute noch richtig und beschreibt die gänzlich undogmatischen Hoffnungen, die zu ihrer Zeit große Teile der Linken mit »sozialistischen« Gesellschaftsformen verbanden. Noch hatte ja das bald schreckliche Vergleichsmodell Sowjetunion keine Denunziation, kein schmähliches Ende solcher Erwartungen bewirkt.

Verblüffender ist da schon, wenn wir – um einen zweiten linken Zeugen beizubringen – in einem Brief des amerikanischen Schriftstellers Theodore Dreiser an den russischen Konsul von Los Angeles unter dem Datum vom 23. August 1944 lesen, wie er Dostojewskij zum religiösen Verkünder Stalins erklärt: »Fjodor Dostojewskij hat einmal gesagt, er habe eine Vision, und zwar daß ein Weißer Christus – er meinte damit menschliche Gerechtigkeit und Anständigkeit – aus Rußland kommen werde. Und, so unglaublich es einem vorkommt, dieser Weiße Christus ist aus Rußland gekommen und führt dieses große Volk zu seiner offenkundigen Bestimmung und zum Dienst an der Welt.« Diese nicht nur amerikanische Leser schockierende Gleichsetzung, ein klarer Einzelfall in den USA, enthält in ihrem Kern aber immer noch Dostojewskis Hauptmotiv, das Mitgefühl mit dem Elend der Welt. Es ist ganz offenbar unvergänglich, noch in der verstiegensten Anverwandlung.

Auf der gegenüberliegenden Seite der politischen Sitzverteilung finden wir nicht weniger prominente Äußerungen zur Bedeutung Dostojewskijs.

Die eigenartigste stammt von Gottfried Benn, der 1933 in seinem Aufsatz ›Züchtung I‹ glaubte, einen eigenen Beitrag zum »neuen Menschentyp« andienen zu müssen. Dieser, meinte der schon früh faszinierte Gentechnologe, werde »halb aus Mutation, halb aus Züchtung« hervorgehen: Es ist »der deutsche Mensch«. Aus östlichem wie westlichem Erbe werde er sich das Beste nehmen; vom Westen also Latinität und Formgefühl, vom Osten aber »das Auflösende, das schwermütig Weite, das Entformende, das Panische, das aus der Landschaft steigt wie aus der Angst und aus den Trieben – das Dostojewskij-Dunkel«.

Thomas Mann verfolgte in seiner RUSSISCHEN ANTHOLOGIE von 1921 eine Idee, die zu ihrer Zeit auf viele vom Westen Enttäuschte bezaubernd wirkte: etwas wie eine seelische Wesensverwandtschaft von Russen und Deutschen.

»Rußland und Deutschland müssen einander besser und besser kennen«, schrieb Thomas Mann, »sie sollen Hand in Hand in die Zukunft gehen.« Deutlicher war seine Abwendung gegen alle westliche »Zivilisation« bereits in den BETRACHTUNGEN EINES UNPOLITISCHEN 1918 ausgesprochen. Genau wie Dostojewskij und fast in dessen Worten sieht Thomas Mann den wesentlichen Zug dieses »großen, stolzen und besonderen Volkes« der Deutschen in der entschiedenen Abwendung von der »westlichen Welt«. Dostojewskij habe mit ausreichender Klarheit die Feinde Rußlands auch als »Feinde Deutschlands« ausgemacht: »Was Dostojewskij den ›kosmopolitischen Radikalismus‹ nennt, ist jene Geistesrichtung, welche die demokratische Zivilisationsgesellschaft zum Ziele hat ..., denn soviel ist sicher, daß bei einem Zusammenschluß der nationalen Demokratien zu einer europäischen, einer Weltdemokratie, von deutschem Wesen nichts mehr übrigbleiben würde ... Der deutsche Geist würde darin aufgehen und verschwinden.«

Eine in diesem speziellen Sinn positive Einschätzung hielt sich dann auch noch bis in die dreißiger Jahre und hinein ins »Dritte Reich«. Sogar noch acht Tage nach den Bücherverbrennungen vom 10. Mai 1933 sprach eine Münchner Tageszeitung über Dostojewskij und Tolstoi das großzügige Verdikt aus: »Nicht jeder russische Schriftsteller ist Kulturbolschewist. Dostojewskij und Tolstoi gehören nicht auf den Index.« Aber derartige Urteile hatten schon nicht mehr das Gewicht wie noch zehn Jahre vorher: Das Dostojewskij-Fieber der zwanziger Jahre war vorbei. Und spätestens seit dem Angriff auf die Sowjetunion im Juni 1941 galt im nationalsozialistischen Deutschland nur noch die schroffe Zurückweisung Dostojewskijs, die Alfred Rosenberg 1938 im MYTHUS DES 20. JAHRHUNDERTS in gequälter Schlichtheit vorformuliert hatte: »Dostojewskij hatte Erfolg bei allen Europäern, die in müder Erschlaffung begriffen waren, bei allen Bastarden der Großstadt-Geistigkeit und – bei Weglassung seiner antisemitischen Anschauung – bei der jüdischen Literatenwelt, die in seinen Gedanken und in Tolstois ödem Pazifismus ein weiteres willkommenes Mittel zur Zersetzung des Abendlandes erblickte.« Allenfalls »nikotin- und absinthkranke Leute«, heißt es weiter im Text, fänden ein »wollüstiges Vergnügen« an den Raskolnikows und Karamasows der Romane Dostojewskijs.

Ein Roman, sagt Umberto Eco in der ›Nachschrift zum Namen der Rose‹, sei eine Maschine zur Erzeugung von Interpretationen. Der Satz klingt zwar verdächtig tautologisch. Aber es beweist die unverrückbare Größe Dostojewskijs, daß sich so viele in höchst unterschiedlichen Interpretationsversuchen mit seinen Romanen beschäftigten.

Das zweite Jubiläum und das Schweigen

Thomas Mann hat seine Rechtsaußen-Position von 1918 sehr bald aufgegeben. In seinem Wagner-Vortrag 1933 ist Dostojewskij für ihn nicht mehr der Gegner des »Kosmopolitischen«, sondern der Schöpfer »einer großen sozialen Romandichtung«, und das beobachtete Desinteresse der Deutschen an sozialen Fragen nennt er kritisch ein »Manko«, einen »Ausfall«. In dem 1946 geschriebenen Aufsatz »Dostojewskij – mit Maßen«, der eng mit der Entstehung des DOKTOR FAUSTUS zusammenhängt, setzt sich Thomas Mann mit dem bewunderten Romancier noch einmal in grundsätzliche Beziehung. Jetzt werden die Zweifler, die – wie Dostojewskij – »in der Hölle« waren, ausgespielt gegen Tolstoi und Goethe, die heidnisch-gesunden »Kinder der Natur«. Man weiß, welcher Seite Thomas Mann sich zugehörig fühlte.

In den folgenden Jahrzehnten wurde es ruhiger um Dostojewskij. Die Nachkriegsepoche suchte sich ihre Antworten im restaurativen Wohlstand, und die Jahrzehnte danach warfen Probleme auf, in denen es auf jeder Seite unstatthaft war, Dostojewskij als Argument aufzufahren. Seine Ablehnung Europas wäre im Westen angesichts der kommunistischen Bedrohung politisch höchst inkorrekt gewesen, und unter der Fahne des Internationalismus war der Osten für eine besondere Mission allein des russischen Volkes ohnehin nicht zu erwärmen. Eine auch nur entfernt christliche Erlösung durch Leiden schien beiden ideologischen Parteien, wenn auch aus ganz verschiedenen Gründen, völlig inakzeptabel. Überhaupt wurden alle Großtheorien jetzt zu Relikten einer glücklich überwundenen Dinosaurier-Vergangenheit. So waren denn die Schriftsteller, die sich 1971 zu einer schriftlichen Dostojewskij-

»Debatte« versammelten, geradezu ein Fähnlein der fünf Aufrechten: Manès Sperber, Heinrich Böll, Siegfried Lenz, André Malraux und der oben zitierte Hans Erich Nossack. Große Namen zweifellos, aber ebenso auffällig ist das Fehlen ganz anderer großer Namen.

Heinrich Böll gesteht in seiner Antwort auf den von Manès Sperber verschickten Fragebogen, daß Raskolnikow als Figur nicht den stärksten Eindruck auf ihn gemacht habe: »Alles andere dagegen in SCHULD UND SÜHNE kam mir sehr wirklich vor; wohl, weil es Identifikation ermöglichte: das Milieu der Marmeladows – das ich wenig später verwandelt im Milieu der Micawbers bei Dickens wiederentdeckte; herabgekommenes und herabkommendes Kleinbürgertum mit seiner spezifischen Hysterie, die ein Selbstschutz ist. Die eindrucksvollsten Personen waren Sofja, Swidrigailow, Rasumichin, Raskolnikows Schwester, der Untersuchungsrichter – und der namenlose Kleinbürger, der Raskolnikow hin und wieder auf der Straße anspricht.« Siegfried Lenz hat als ersten Roman Dostojewskijs SCHULD UND SÜHNE gelesen, im Jahr 1946, mit hungrigem Magen, »und zumindest in der äußeren Situation gab es zwischen Raskolnikow und mir Parallelen, die mein unwillkürliches Interesse für diesen Mann hervorriefen: Wir waren fast gleichaltrig, beide Studenten; wir litten beide unter sozialer Not; in ähnlicher Erregung und Unentschlossenheit entwarfen wir uns Entwürfe zur Überwindung dieser Not.«

In André Malraux erzeugte die Wieder-Lektüre von SCHULD UND SÜHNE lediglich »wie soll ich's nur sagen – eine gewisse Müdigkeit, eine Abspannung«. Hans Erich Nossacks Erinnerung an den Roman ist vielleicht die ehrlichste, jedenfalls die anrührendste: »Vermutlich habe ich das Buch als spannenden Kriminalroman gelesen. Das schließe ich daraus, daß mir vor allem die Illustrationen im Gedächtnis geblieben sind.«

Gut zehn Jahre später hätte sich vielleicht noch ein weiterer Fragebogen-Beantworter gemeldet: Peter Handke, der damals gerade DER CHINESE DES SCHMERZES schrieb, eine in charakteristischen Zügen wiedererkennbare Nacherzählung von SCHULD UND SÜHNE.

1971, das Jahr dieser Dostojewskij-Debatte, war – ohne daß es einem großen Publikum aufgefallen wäre – der hundertfünfzigste Geburtstag des Autors, und der hundertste Todestag 1981 ging ähnlich unbeachtet vorbei. Kein Vergleich mit dem Jubiläum von 1921 und seinen bewegenden Diskussionen.

So scheint es fast, als hätte der Autor dauerhafte, im schlechten Sinn »klassische« Bedeutung eher in der Literaturgeschichte als noch für ein interessiertes Publikum. Sein literarischer Rang ist tatsächlich nicht mehr bestreitbar: Dostojewskij gehört zu den großen Autoren der Menschheit, auf Augenhöhe mit Shakespeare und Goethe wie mit Joyce und Proust. Als Autor und unnachgiebiger Fragesteller hat er der Moderne, lange bevor sie in diesem Begriff erfaßt war, Form und Ausdruck gegeben.

Aber wird Dostojewskij noch gelesen? Die Antwort ist ein überraschend klares Ja. Insgesamt ein Dutzend verschiedener deutscher Buch-Ausgaben sind von SCHULD UND SÜHNE erhältlich, dazu zwei Hörbücher, übrigens auch das Notenheft der Oper RASKOLNIKOFF von Heinrich Sutermeister aus dem Jahr 1949.

Die neueste Übersetzung, von Margit und Rolf Bräuer, hat der Aufbau Verlag herausgebracht, und sie wird bereits in zweiter Auflage geliefert. Wie die Taschenbuchausgabe von Piper (in fünfter Auflage) und das Insel- oder das Reclam-Taschenbuch ist auch diese Neuerscheinung kein

Prachtband für die Bibliothek, sondern eine Aufforderung zum nachhaltigen Lesen.

In aller Stille findet der Roman also immer wieder sein ideales Publikum: junge Erwachsene, die sich eines Tages mit etwas wie »Schuld« konfrontiert sehen und darin nicht bloß eine wegzutherapierende Lästigkeit sehen; die, unzufrieden mit verführerischen Schein-Lösungen, sich radikal zu einem harten Kern durchfragen; die vor einer existentiellen Entscheidung stehen und dafür wissen wollen, wer sie sind. Diese fragenden Leser können vor allem eines nicht leiden: Rechthaberei oder, im modischen Gewand, die Behauptung der Unvermeidlichkeit.

»Aber noch nie«, sagt Dostojewskij im berühmten Seuchen-Traum Raskolnikows, »noch nie hatten Menschen sich für so klug gehalten und für so unerschütterlich in der Wahrheit, wie es diese Angesteckten taten. Nie hatten sie ihre Urteile, ihre wissenschaftlichen Ergebnisse, ihre sittlichen Überzeugungen und Glaubenssätze für unumstößlicher gehalten.« Klingt das nicht vertraut? Das haben wir doch schon mal gehört, dieses scheinbar unumstößliche »Es gibt keine Alternative«. Müssen wir uns also von SCHULD UND SÜHNE die Augen öffnen lassen für die Epidemie jener Experten, die uns schon wieder bevorstehende Unvermeidlichkeiten einreden? Dostojewskij als geistige Waffe gegen die Diktatur der Ökonomie, vor der er so eindringlich gewarnt hat? Der subversive Klassiker gegen die Globalisierung? Ein gewisses Indiz dafür, daß die Frage bedenkenswert ist, liefert uns Aljoscha Nikolajew. Er ist der Held der erfolgreichen russischen Fernsehserie AGENT DER NATIONALEN SICHERHEIT, wenn man so will: die russische Antwort auf James Bond und eine Identifikationsfigur. Das Indiz: Aljoscha Nikolajew zitiert bei seinen Einsätzen mit Vorliebe Dostojewskij.

Anhang

Die wichtigsten Personen des Romans

Rodion Romanowitsch Raskolnikow (Abkürzungen: Rodja, Rodka, Rodenka)
Pulcheria Alexandrowna Raskolnikowa – seine Mutter
Awdotja Romanowna Raskolnikowa – seine Schwester (Dunja, Dunetschka)

Dmitri Prokofjitsch Rasumichin – ein Kommilitone und Freund Raskolnikows
Sosimow – ein Arzt
Porfiri Petrowitsch – Untersuchungsrichter (ein Familienname wird nicht angegeben)

Arkadi Iwanowitsch Swidrigailow – ein Gutsbesitzer
Marfa Petrowna Swidrigailowa – seine Frau

Pjotr Petrowitsch Luschin – ein Rechtsanwalt, Awdotjas Verlobter

Semjon Sacharowitsch Marmeladow – eine ehemaliger Beamter
Katerina Iwanowna Marmeladowa – seine Frau
Sofja Semjonowna Marmeladowa (Sonja) – seine Tochter
Polenka (Polja, Poletschka, Polina), Kolja, Lida (Lidotschka, Lenja) – seine Stiefkinder

Amalia Fjodorowna Lippewechsel (auch: Iwanowna; Ludwigowna) – Zimmervermieterin
Andrej Semjonowitsch Lebesjatnikow – ein Untermieter

Nastassja Petrowna (Nastasjuschka, Nastenka; Nikiforowna; Petrowna) – Dienstmädchen

Aljona Iwanowna – Pfandleiherin (Familienname nicht angegeben)
Lisaweta Iwanowna – ihre Schwester (Familienname nicht angegeben)

Nikolai (Nikola, Nikolaschka) Dementjew – Anstreicher

Zeittafel

1821	Am 30. Oktober wird Fjodor Michailowitsch Dostojewskij in Moskau geboren, der zweite Sohn des Militärarztes Michail Andrejewitsch Dostojewskij und seiner Frau Maria Fjodorewna, geb. Netschajewa.
1825	Im Dezember: Dekabristen-Revolte gegen Zar Nikolaus I. kurz nach dessen Thronbesteigung.
1830	Aufstand im von Rußland annektierten Polen (Novemberaufstand). – Puschkin beendet EUGEN ONEGIN.
1836	Gogols DER REVISOR.
1837	Tod der Mutter. Die Brüder gehen zum Ingenieurstudium nach St. Petersburg. – Puschkin stirbt bei einem Duell.
1839	Ermordung des Vaters durch Leibeigene.

1844 Dostojewskij verläßt die Armee, um freier Schriftsteller zu werden. Erste Arbeiten als Übersetzer und Autor (ARME LEUTE).

1846 ARME LEUTE und DER DOPPELGÄNGER erscheinen. Bekanntschaft mit Michail Petraschewski und Alexander Herzen. Kleinere Werke (u. a. ROMAN IN NEUN BRIEFEN) erscheinen.

1849 Dostojewskij wird wegen »staatsfeindlicher Aktivitäten« verhaftet und zum Tode verurteilt, nach einer Scheinhinrichtung zu vier Jahren Zwangsarbeit in Sibirien mit anschließendem Militärdienst begnadigt. Am 24. Dezember wird er nach Omsk deportiert. Epileptische Erkrankung erstmals medizinisch festgestellt.

1852 AUFZEICHNUNGEN EINES JÄGERS von Turgenjew.

1854 Mitte Februar nach Semipalatinsk abkommandiert. Arbeit an AUFZEICHNUNGEN AUS EINEM TOTENHAUS.

1855 Tod des Zaren Nikolaus I., Nachfolger Alexander II.

1857 Heirat mit Maria Dmitrijewna.

1859 Entlassung aus der Armee. Übersiedlung erst nach Twer, dann nach St. Petersburg.

1860 Die AUFZEICHNUNGEN AUS EINEM TOTENHAUS erscheinen.

1861 Aufhebung der Leibeigenschaft und weitere innenpolitische Reformen. – Erste Nummern der von den Brüdern Dostojewskij herausgegebenen Zeitschrift DIE ZEIT mit ERNIEDRIGTE UND BELEIDIGTE in Fortsetzungen. Bekanntschaft mit Apollinaria (Polina, Pauline) Suslowa.

1862 Juni bis September: erste Auslandsreise: Berlin, Dresden, Köln, Paris, London, Genf, Florenz, Wien. – VÄTER UND SÖHNE von Turgenjew.

1863 Polnischer Aufstand (Januaraufstand). – DIE ZEIT wird wegen eines angeblich polenfreundlichen Artikels ver-

	boten. August bis Oktober: zweite Auslandsreise, teils mit Polina Suslowa, nach Frankreich, Deutschland und Italien. Erstes Auftreten der Spielsucht Dostojewskijs (in Baden-Baden und Bad Homburg).
1864	Erstes Heft der Nachfolger-Zeitschrift DIE EPOCHE (mit den AUFZEICHNUNGEN AUS EINEM KELLERLOCH). Am 14. April stirbt Dostojewskijs Frau, am 10. Juli sein Bruder. Dostojewskij übernimmt alle Schulden. Zwei Heiratsanträge (Polina Suslowa und Anna Korwin-Krukowskaja) werden abgelehnt. Dritte Auslandsreise: Wiesbaden; finanzieller Ruin durch Spielsucht. Erste Arbeiten an SCHULD UND SÜHNE.
1866	SCHULD UND SÜHNE erscheint als Fortsetzungsroman in Michail Katkows Zeitschrift DER RUSSISCHE BOTE. Dostojewskij diktiert in 26 September-Tagen der Stenographin Anna Grigorjewna Snitkina den Roman DER SPIELER, um den Vertrag mit dem Verleger Stellowski zu erfüllen.
1867	Heirat mit Anna Snitkina. Flucht vor den Gläubigern ins Ausland: Dresden, Bad Homburg, Baden-Baden, Basel, Genf. Erste Arbeiten am Roman DER IDIOT.
1868	DER IDIOT erscheint im RUSSISCHEN BOTEN. Geburt der Tochter Sofja in Genf (22. Februar, gestorben am 12. Mai). Übersiedlung nach Vevey. Weiterreise nach Mailand und Florenz.
1869	Abreise nach Dresden. Geburt der Tochter Ljubow (14. September). – KRIEG UND FRIEDEN von Tolstoi.
1870	Erste Arbeiten an DIE DÄMONEN.
1871	Vor der Rückreise nach Rußland verbrennt Dostojewskij mehrere Manuskripte, darunter die Entwürfe zu DER IDIOT. In St. Petersburg Geburt des Sohnes Fjodor (16. Juli). Die ersten Kapitel von DIE DÄMONEN erscheinen im RUSSISCHEN BOTEN.

1873 Übernahme einer Redakteursstelle bei der Zeitschrift Der Staatsbürger. Hier erscheinen die ersten Kapitel des Tagebuchs eines Schriftstellers.

1874 Aufgabe der Redakteursstelle. Reise nach Bad Ems mit Abstecher nach Genf zum Grab Sofjas.

1875 Der Jüngling beginnt zu erscheinen. Kuraufenthalt in Bad Ems. Geburt des zweiten Sohnes Aljoscha (10. August).

1878 Arbeit am Roman Die Brüder Karamasow. Am 16. Mai stirbt Aljoscha. – Anna Karenina von Tolstoi.

1879 Die ersten Kapitel von Die Brüder Karamasow erscheinen.

1880 8. Juni: Puschkin-Rede.

1881 Dostojewskij stirbt am 28. Januar. Am 31. Januar öffentliche Trauerfeier mit etwa sechzigtausend Trauergästen. – Am 1. März Ermordung des Zaren Alexander II.

Zum Weiterlesen

Auf den ersten und auch den zweiten Blick sehen sich die deutschen Übersetzungen von Schuld und Sühne recht ähnlich. Erst wenn man genau hinsieht, erkennt man die Unterschiede.

E. K. Rahsin (Piper Verlag 1909, 1964) hat die erste Übertragung von Dostojewskijs Gesamtwerk geschrieben und seit der ersten Auflage immer wieder überarbeitet. Ihre Übersetzung ist ruhig, sehr nah am Originaltext und seinem wechselnden episch-dramatischen Tempo. In diesem Buch wird durchgehend aus ihrer Übersetzung zitiert, allerdings mit der Namenschreibung aus der Übersetzung Röhls.

Richard Hoffmann (Winkler Verlag 1960) greift in den Satzbau des Originals ein, was an einigen Stellen die Einfügung mehrerer nicht-originaler Satzteile in den Text erfordert.
Werner Bergengruen (Manesse Verlag 1985) ist der Autor der in gewisser Weise nachdichtenden Übersetzung; seine Hinzufügungen sind eher inhaltlich und meist zur Verdeutlichung bestimmt.
Hermann Röhl (Insel Verlag 1986) kommt dem ruhigen und textgetreuen Fluß der klassischen Übersetzung von E. K. Rahsin am nächsten. Aus Röhls Text haben wir die einfachere Schreibweise der Personennamen übernommen.
Swetlana Geier (Fischer Taschenbuch Verlag 1994) hatte die Absicht, SCHULD UND SÜHNE in einer modernen deutschen Textversion vorzustellen; weshalb bei ihr zum Beispiel die einfachen Leute berlinern oder sie für »Sommerhaus« das erst seit kurzem eingedeutschte Wort »Datscha« verwendet.
Margit und Rolf Bräuer (Aufbau Taschenbuch Verlag 1994) haben eine der heutigen Sprechweise behutsamer angenäherte Übersetzung geschrieben, die beispielsweise statt »Gestank« lieber »Mief« verwendet.

Gelegentlich sind bizarre Abweichungen im Detail erkennbar. Dafür zwei Beispiele aus dem dritten Kapitel des Ersten Teils:
– Raskolnikow bittet Nastassja, ihm etwas Eßbares zu besorgen. Bei Rahsin ist es einfach »Weißbrot«; Hoffmann, Geier und Bräuer haben »ein Brötchen« oder »eine Semmel«; bei Bergengruen sind es mehrere »Semmeln«; Röhl schreibt kaum verständlich: »etwas Semmel«.
– Nastassja bietet ihm statt dessen eine Suppe an. Bei fast allen ist das entweder »Kohlsuppe« oder »etwas Kohlsuppe«, lediglich Geier beläßt es hier bei einer rätselhaften »Schtschi«, von der der Leser dann nur noch erfährt, daß sie gelöffelt wird.

Es gibt derzeit zwei Taschenbücher zu Leben und Werk Dostojewskijs, von sehr unterschiedlicher Ergiebigkeit.
Enttäuschend ist das Insel-Taschenbuch DOSTOJEWSKIJ von Wolfgang Kasack: Es bringt nur sehr sporadische Angaben zum Leben und zitiert statt dessen zu ausführlich aus den Werken des Autors.
Biographisch und an Hintergrundwissen reicher, auch erheblich großzügiger und sinnvoller illustriert ist die Rowohlt-Monographie DOSTOJEWSKIJ von Janko Lavrin.
Das kongeniale Dostojewskij-Buch von André Gide ist leider nicht mehr im Buchhandel erhältlich, aber die Suche danach in einer Bibliothek lohnt sich (Bürgers Taschenbuch Nr. 18, Verlag Das Goldene Vlies, Darmstadt o. J.). Gides Aufsätze zu dem Autor und Kollegen sind an intellektueller Klarheit, souveränem Urteil und dichterischem Nachempfinden noch immer beispielhaft und ein Lesegewinn.

Fjodor M. Dostojewski

Der Idiot

Roman. Aus dem Russischen von E. K. Rahsin. Mit einem Nachwort von Ilma Rakusa. 983 Seiten. SP 400

»Der Idiot« zählt zu den großen Werken des russischen Dichters. Im Mittelpunkt der Handlung steht Fürst Myschkin, wegen seiner Epilepsie und seines demütigen, bescheidenen und zutiefst einsamen Wesens der »Idiot« genannt. Er ist eine der zartesten und anrührendsten Gestalten, die Dostojewski geschaffen hat.

Rodion Raskolnikoff Schuld und Sühne

Roman. Aus dem Russischen von F. K. Rahsin. Mit einem Nachwort von Horst Bienek. 776 Seiten. SP 401

»Kein aufmerksamer Leser, egal welchen Alters, kann sich dem überwältigenden Eindruck verschließen, den der junge Rodion sowohl durch seine ungeheuerliche Tat wie – fast noch eindringlicher, quälender – durch die scheinbar unerbittlich strenge Logik seiner Wirrnisse hervorruft.«
Manès Sperber

Die Brüder Karamasoff

Roman. Aus dem Russischen von E. K. Rahsin. Mit einem Nachwort von Ilma Rakusa. 1331 Seiten. SP 402

»›Die Brüder Karamasoff‹ ist der großartigste Roman, der je geschrieben wurde, die Episode des Großinquisitors eine der Höchstleistungen der Weltliteratur.«
Sigmund Freud

Die Dämonen

Roman. Aus dem Russischen von E. K. Rahsin. Mit einem Nachwort von Aleksandar Flakar. 1034 Seiten. SP 403

Die »Dämonen« gehören zu den großen Romanwerken Dostojewskis, in denen er mit den Verfehlungen eines mißverstandenen Sozialismus und mit dem Nihilismus abrechnet. Nikolai Stawrogin, den Protagonisten des Romans, hat Thomas Mann eine der »unheimlich anziehendsten Figuren der Weltliteratur« genannt.

Fjodor M. Dostojewski

Der Jüngling

Roman. Aus dem Russischen von E. K. Rahsin. Mit einem Nachwort von Aage A. Hansen-Löve. 919 Seiten. SP 404

Dostojewskis großangelegter Roman verbindet Kritik an der bestehenden Gesellschaft mit der Schilderung der Entwicklung eines jungen Mannes. Arkadij, unehelich geboren und in großer Einsamkeit aufgewachsen, kommt nach Petersburg, um sich an der »Gesellschaft« zu rächen. Im turbulenten Gang der Ereignisse aber klärt sich sein Denken und löst sich seine Isolation – er gewinnt seinen Vater zum Freund und findet zu einer positiven Lebenshaltung.

Onkelchens Traum

Drei Romane. Aus dem Russischen von E. K. Rahsin. Mit einem Nachwort von Angela Martini. 1016 Seiten. SP 405

Drei frühe Werke Dostojewskis sind hier versammelt, die bereits von seinem facettenreichen Erzähltalent zeugen: Die Humoreske »Onkelchens Traum«, in der eine typische Vaudeville-Situation dargestellt wird. Der Roman »Das Gut Stepantschikowo und seine Bewohner«, den Thomas Mann als »eine komische Creation ersten Ranges, unwiderstehlich an Shakespeare und Molière heranreichend« bezeichnete. Der sozialkritische, psychologisch hervorragend ausgearbeitete Roman »Die Erniedrigten und die Beleidigten« als eine der ersten Attacken gegen den Nihilismus seiner Zeit.

Der Doppelgänger

Frühe Romane und Erzählungen. Aus dem Russischen von E. K. Rahsin. Mit einem Nachwort von Aage A. Hansen-Löve. 952 Seiten. SP 406

Zwölf kurze Romane und Erzählungen aus dem Frühwerk Dostojewskis enthält dieser Band. Hier schon zeichnen sich deutlich die Themen der späteren großen Romane ab. Den Auftakt bildet »Arme Leute«, das erste, 1846 erschienene Werk des Dichters, das ihn über Nacht berühmt machte. In der Folge zeigt Dostojewski die breite Palette seines erzählerischen Könnens, die von der Tragödie bis zur Humoreske reicht.

Fjodor M. Dostojewski

Aufzeichnungen aus einem Totenhaus

und drei Ezählungen. Aus dem Russischen von E. K. Rahsin. Mit einem Nachwort von Holt Meyer. 880 Seiten. SP 407

Ohne die »Aufzeichnungen aus einem Totenhaus« sind die späten philosophischen Romane Dostojewskis nicht denkbar. Er verarbeitete darin die Erfahrungen aus dem sibirischen Arbeitslager, zu dem er nach einer Scheinhinrichtung begnadigt worden war. Die »Aufzeichnungen« sind ein zeitgeschichtliches, psychologisches und literarisches Dokument von Weltrang.

Der Spieler

Späte Romane und Novellen. Aus dem Russischen und mit einem Nachwort von E. K. Rahsin. 793 Seiten. SP 408

Dieser Band enthält die »kleinen Meisterwerke« aus Dostojewskis Reifezeit. Die »Aufzeichnungen aus dem Untergrund« sind die politisch brisante Abrechnung eines Gepeinigten mit den Illusionen und der Verlogenheit der Gesellschaft. Ein autobiographisch geprägtes Seelenporträt ist »Der Spieler«. Eine düster-morbide Erzählung über einen Provinzler, den die Konfrontation mit der Untreue seiner Frau in ein seelisches Desaster stürzt, ist »Der ewige Gatte«. »Das Krokodil« ist eine erbarmungslose Satire. Formal höchst modern gestaltet sich die vollendetste Erzählung des Dichters, die Ehetragödie »Die Sanfte«. Seine erzählerische Meisterschaft beweist Dostojewski auch in der Farce »Bobók«. »Traum eines lächerlichen Menschen« ist der ideologische Entwurf der »Brüder Karamasoff«.

Tagebuch eines Schriftstellers

Notierte Gedanken. Aus dem Russischen von E. K. Rahsin. Mit einem Nachwort von Aleksandar Flaker. 681 Seiten. SP 409

Seinem »Tagebuch eines Schriftstellers« hat Dostojewski eine Fülle von Anekdoten, Berichten und Reflexionen anvertraut, die seine vielseitigen Interessen spiegeln und zugleich zeigen, wie sich die Themen seiner großen Romane aus einer unmittelbaren Anschauung der Realität entwickelt haben.

Meisterwerke kurz und bündig

Herausgegeben von Olaf Benzinger

Philipp Reuter
Prousts Auf der Suche nach der verlorenen Zeit
128 Seiten. SP 2890

Philipp Reuter stellt das Wichtigste zu Marcel Prousts »Auf der Suche nach der verlorenen Zeit« zusammen, einem der großartigsten Werke der modernen französischen Literatur.

Fritz R. Glunk
Dantes Göttliche Komödie
106 Seiten. SP 2891

Das Wichtigste zu Dantes »Göttlicher Komödie«, zusammengestellt von Fritz R. Glunk.

Fritz R. Glunk
Dostojewskijs Schuld und Sühne
133 Seiten. SP 3135

»Schuld und Sühne« von Fjodor Dostojewskij ist weltberühmt. Es fällt aber nicht leicht, die immense Fülle der Figuren und Konstellationen im Kopf zu behalten. Kurz und bündig stellt Fritz R. Glunk die wichtigsten Daten, Fakten und Informationen zusammen.

Gerhard Fink
Ovids Metamorphosen
127 Seiten. SP 3136

Gerhard Fink verhilft uns zu einem kurz und bündig zusammengestellten Überblick über eine der zentralen Dichtungen der lateinischen Literatur.

Dirk Heißerer
Thomas Manns Zauberberg
127 Seiten. SP 3141

Das enorme Gedankenuniversum dieses großen Romans, die Komplexität und Fülle seiner Figuren bringt uns Dirk Heisserer kompetent und leicht verständlich nahe.

Frank Zechner
Die vier edlen Wahrheiten des Buddha
124 Seiten. SP 3142

SERIE PIPER

Biographien

Joan Haslip

Marie Antoinette

Ein tragisches Leben in stürmischer Zeit. Aus dem Englischen von Christian Spiel. 436 Seiten. SP 1743

Marie Antoinette, jüngste Tochter der österreichischen Kaiserin Maria Theresia, war ein Opfer der Politik. Um einen alten Erbfeind als neuen Verbündeten zu gewinnen, wurde sie völlig unvorbereitet mit vierzehn Jahren an den späteren König Ludwig XVI. verheiratet. Das unpopuläre Bündnis und die Heirat stießen in Frankreich auf bittere Ablehnung. Königin Marie Antoinette war den Intrigen bei Hof nicht gewachsen und geriet schnell ins politische Abseits. Sie übersah die Zeichen der Zeit und beschleunigte die tragischen Ereignisse. Die Französische Revolution bedeutete das Ende der absolutistischen Monarchie, das mit der öffentlichen Hinrichtung des Königspaars besiegelt wurde. Joan Haslip zeichnet ein einfühlsames Bild dieser widersprüchlichen Herrscherin.

Friedrich Weissensteiner

Franz Ferdinand

Der verhinderte Herrscher. 246 Seiten mit 77 Abbildungen. SP 1532

Eine bekannte Figur auf der geschichtlichen Bühne ist Franz Ferdinand vor allem durch seinen Tod. Die Schüsse von Sarajewo haben den Plänen ein gewaltsames Ende gesetzt, die dieser markanteste Kopf der ausgehenden Donaumonarchie für sein Land entworfen hatte.

Die rote Erzherzogin

Das ungewöhnliche Leben der Tochter des Kronprinzen Rudolf. 288 Seiten mit 27 Abbildungen. SP 1527

Reformer, Republikaner und Rebellen

Das andere Haus Habsburg-Lothringen. 320 Seiten. SP 1954

Die »anderen« Habsburger, das sind die Aufklärer und Liberalen im Erzhaus.

Große Herrscher des Hauses Habsburg

700 Jahre europäische Geschichte. 384 Seiten mit zahlreichen Abbildungen. SP 2549

SERIE PIPER

Biographien

Jean Sévillia

Zita

Kaiserin ohne Thron.
Aus dem Französischen von Elisabeth Mainberger-Ruh.
359 Seiten. SP 3007

Zita, die letzte Kaiserin von Österreich, Königin von Ungarn und von Böhmen, wurde 1918 nach nur zweijähriger Regierungszeit entthront und lebte seit 1919 im Exil. Sie wurde 1892 in ein dynastisch geprägtes Europa hineingeboren und erlebte im Lauf ihres beinahe hundertjährigen Lebens den Zusammenbruch des österreichisch-ungarischen Habsburger-Reichs, die Abschaffung einer Vielzahl von Monarchien, zwei Weltkriege, den Kalten Krieg und schließlich den Untergang des Kommunismus. In seiner kenntnisreichen Biographie schildert Jean Sévillia nicht nur das Leben einer berühmten Frau, sondern zugleich die bewegte europäische Geschichte des 20. Jahrhunderts.

Hélène Carrère d'Encausse

Nikolaus II.

Das Drama des letzten Zaren.
Aus dem Französischen von Jochen Grube.
566 Seiten. SP 3001

Als Nikolaus II. (1868–1917) im Jahr 1894 den Thron bestieg, trat er ein geschichtsmächtiges Erbe an – Rußland befand sich im Stadium des Übergangs und war auf dem Weg zur Neubestimmung seiner selbst. Mit der traditionellen Autorität seines Amtes versuchte er, politische und soziale Reformen durchzusetzen und sein Land für den Westen zu öffnen. Sein Leben war geprägt von der ganz Europa betreffenden Frage, ob das Riesenreich im Osten in der Lage sein würde, sich zu erneuern, ohne in Chaos und Barbarei zu versinken. Hélène Carrère d'Encausse, eine der besten Kennerinnen der russischen Geschichte, schildert in dieser glänzend geschriebenen Biographie die gesellschaftlichen und wirtschaftlichen Hintergründe dieser Epoche des Umbruchs.

SERIE PIPER

Biographien

Bruno Keiser

Adelheid Königin, Kaiserin, Heilige

Ein Leben in bewegter Zeit. 272 Seiten. SP 2995

Daß auch Frauen Geschichte machen, beweist Adelheid (931 bis 999), Königin von Italien (947) und als Gemahlin Ottos des Großen Kaiserin des Römischen Reiches (962). Sie entwickelte schon damals ein Konzept von Europa und wirkte mit bei der Gestaltung und Bewahrung des entstehenden Reiches. Mit Hartnäckigkeit und Machtbewußtsein, mit Charme und Diplomatie setzte sie ihre Ziele durch. Ihr Leben spielte sich nicht nur in Palästen und Pfalzen ab, sondern auch im Kerker, auf Feldzügen und Reichstagen. Als Gründerin eines Klosters in Selz im Elsaß wurde sie 1097 heiliggesprochen. Das anschaulich erzählte Lebensbild einer klugen und tatkräftigen Herrscherin zur Zeit der letzten Jahrtausendwende läßt zugleich ein faszinierendes Bild der Zeit entstehen.

Jacqueline Dauxois

Der Alchimist von Prag Rudolf II. von Habsburg

Eine Biographie. Aus dem Französischen von Annette Meyer-Prien. 335 Seiten. SP 2764

Er fühlte sich immer von der dunklen und unheilvollen Seite des Universums angezogen: Sechsunddreißig Jahre herrschte Kaiser Rudolf II. über das Römische Reich Deutscher Nation. Er war einerseits ein kluger, den Künsten und den neuen Wissenschaften zugewandter Herrscher, ein leidenschaftlicher Sammler und Kunstmäzen, andererseits ein mißtrauischer, einsamer, in abstruse Phantasien eingesponnener Mensch. Rudolf II. verlegte den Hof von Wien nach Prag, das unter seiner Führung zu einer europäischen Metropole von Rang aufstieg, und umgab sich mit den besten Wissenschaflern der Zeit.

»Eine farbige Gestalt, die auch der heutigen Regenbogenpresse sehr zupaß käme.«
Stuttgarter Zeitung

Biographien

Vincent Cronin

Katharina die Große

Biographie. Aus dem Englischen von Karl Berisch. 423 Seiten. SP 2319

Vincent Cronin porträtiert die schillernde Persönlichkeit der russischen Kaiserin, ihr ereignisreiches Privatleben und ihre großen Leistungen als Regentin – gerade auch bei der Verwirklichung weitreichender Sozialreformen.

»Cronins Werk ist *das* Musterbeispiel einer geglückten Lebensbeschreibung überhaupt.«
Die Welt

Prinz Roman Romanow

Am Hofe des letzten Zaren

1896–1919. Herausgegeben von Prinz Nikolai und Prinz Dimitri Romanow. Aus dem Dänischen von Lothar Schneider. 480 Seiten mit 32 Seiten Abbildungen. SP 2460

Eine interessante Innenansicht der prächtigen, streng abgeschirmten, fast mystischen Welt der Zarenfamilie.

Henri Troyat

Rasputin

Eine Biographie. Aus dem Französischen von Yla Margrit von Dach. 224 Seiten mit 14 Abbildungen. SP 2858

Wunderheiler oder Scharlatan, Heiliger oder Wüstling, bauernschlauer Intrigant oder klug taktierender Politiker? Der Faszination dieses düster dreinblickenden Charismatikers mit dem stechenden, etwas irren Blick kann man sich auch heute nur schwer entziehen. Wie war es Rasputin, dem analphabetischen Bauernsohn aus der entlegensten sibirischen Provinz, möglich gewesen, eine solche Macht über den Zaren und seine Gattin und damit in einem Riesenreich wie Rußland zu gewinnen? – Henri Troyat zeichnet ein fundiertes Bild dieser schillernden Persönlichkeit, ihrer Ausschweifungen, ihres Machtinstinkts und ihrer hellseherischen Gaben.